Patric Seehofer

Grundlagen der Mitarbeiterbindung

igel Verlag
RWS

Seehofer, Patric: Grundlagen der Mitarbeiterbindung, Hamburg, Igel Verlag RWS 2014

Buch-ISBN: 978-3-95485-078-5
PDF-eBook-ISBN: 978-3-95485-578-0
Druck/Herstellung: Igel Verlag RWS, Hamburg, 2014

Bibliografische Information der Deutschen Nationalbibliothek:
Die Deutsche Nationalbibliothek verzeichnet diese Publikation in der Deutschen Nationalbibliografie; detaillierte bibliografische Daten sind im Internet über http://dnb.d-nb.de abrufbar.

Hermannstal 119k, 22119 Hamburg
http://www.diplomica.de, Hamburg 2014
Printed in Germany

INHALTSVERZEICHNIS:

1 Executive Summary

Das Thema „Mitarbeiterbindung“ wird immer wichtiger für die Unternehmen. Dabei geht es nicht nur um die hohen Fluktuationskosten, die entstehen, wenn ein Arbeitnehmer eine Firma verlässt. Andere Faktoren werden den Unternehmen viel mehr Sorge bereiten. Zum Beispiel der demografische Wandel, welcher es für Unternehmen immer schwieriger macht, gute Arbeitnehmer zu finden, oder der hohe Verlust, der entstehen kann durch mangelnde Verbundenheit des Arbeitnehmers an die Firma. Ausgehend von der Wichtigkeit der Mitarbeiterbindung stellt sich die Frage, wie man diese erhöhen kann. Es existieren verschiedene Modelle, welche zu einer höheren Mitarbeiterbindung führen sollen. Dabei eignet sich die bewährte Theorie der Kundenbindungsforschung am besten, um die Bestimmungsfaktoren für die Mitarbeiterbindung aufzuzeigen. Die Bestimmungsfaktoren ergeben sich aus den Theorien aus Ökonomie und Psychologie. Aus diesen Theorien lässt sich ein Mitarbeiterbindungsmodell gewinnen. Dieses zeigt, dass eine Firma vor allem bei den Faktoren „Zufriedenheit“ und „Vertrauen“ grossen Einfluss nehmen kann auf die Bindung ihrer Arbeitnehmer. Zu diesen Faktoren sind aus der Literatur die sogenannten „Treiber“ eruiert worden. Diese Treiber lassen sich firmenspezifisch aufteilen in die Gestaltungsfaktoren Unternehmenskultur und Image, Führung, Job, Honorierung und Vergütung sowie Betriebsklima. Aktuelle Forschungsergebnisse und solche aus den letzten Jahren aus Deutschland und der Schweiz zeigen sehr ähnliche Ergebnisse im Vergleich zur Theorie bezüglich „Treiber der Mitarbeiterbindung“. Das Zusammenführen der Treiber aus der Theorie und den Forschungsergebnissen liefert die Grundlage für den Fragebogen. In diesem quantitativen Fragebogen sind die wichtigen Treiber der Mitarbeiterbindung enthalten. Die Auswertung des Fragebogens hat ergeben, dass viele Punkte verbessert werden können in der Firma X AG. Es muss für eine bessere Kommunikation gesorgt werden sowie den Arbeitnehmern Wertschätzung entgegengebracht werden. Es fehlt zudem an Lob und Anerkennung für gute Arbeit und der Transparenz bezüglich den Karrieremöglichkeiten innerhalb der Firma. Ein Verbesserungspotential bietet ausserdem die Klarheit über Aufgaben, Ziele und Handlungsspielraum bei den Arbeitnehmern.

2 Einleitung

2.1 Problemstellung

2.1.1 Situation am Arbeitsmarkt

In der heutigen, wissensbasierten Gesellschaft wird der Faktor Mensch immer wichtiger. Der Einsatz modernster Technologien, schnelle Einführung neuer Produkte in neuen Märkten sowie eine starke Marke reichen heute nicht mehr, um eine führende Marktstellung zu erreichen. Loyale Mitarbeiter können zum entscheidenden Vorteil gegenüber der Konkurrenz werden. Denn es sind die Menschen, die ein Unternehmen ausmachen und den Erfolg des Unternehmens bringen (vgl. Knoblauch 2004, S. 102). „Infolgedessen stellt die Bindung von qualifiziertem Personal bereits heute eine der bedeutendsten Herausforderungen des Human Ressourcen Managements im Unternehmen dar" (vom Hofe 2005, S. 1). Es geht aber nicht nur um die Vorteile, die eine Unternehmung erzielt mit einer höheren Mitarbeiterbindung. Da ein Betrieb eine soziale Organisation darstellt, sollte sie die Zufriedenheit der Betriebsangehörigen zum Ziele haben (vgl. von Rosenstiel 1999a, S. 188), da die Personalzufriedenheit einen grossen Einfluss auf die Personalbindung hat (vgl. Pepels 2004, S. 52). Dies stellt also auch eine gewisse Verpflichtung gegenüber den Mitarbeitern dar. „Wer seine Beschäftigten auch nur einigermaßen schätzt, sollte versuchen, sie an sich zu binden. Die Alternative wäre nämlich bitter" (Bröckermann 2004, S. 18).

Eine weitere Problematik wird die Zukunft mit sich bringen. Vielen Unternehmen mangelt es seit Mitte der 80er-Jahre an geeigneten Fach- und Führungskräften. Dies trotz zum Teil hoher Arbeitslosenzahlen. Zum einen gibt es unter den Arbeitslosen einen hohen Prozentsatz von Personen, welche nicht über die geforderten Qualifikationen verfügen (vgl. Bröckermann 2004, S. 18). Jedoch ist der Mangel zu einem beträchtlichen Teil auf demografische Hintergründe zurückzuführen, welche sich nach statistischen Schätzungen in der Zukunft noch verstärken werden. Es gibt zu wenig Nachwuchs (vgl. Bröckermann 2004, S. 18). Den demografischen Prognosen zufolge wird in Deutschland die Zahl der Erwerbstätigen im Alter von 30-39 Jahren von 12,55 Millionen im Jahr 1999 auf 9,03 Millionen bis zum Jahr 2010 sinken. Hierdurch wird deutlich, dass sich ein Fachkräftemangel einstellen wird (vgl. Meifert 2005, S. 1). Diese Entwicklung hat zur Folge, dass Unternehmen voraussichtlich ab dem Jahr 2010 Fachkräfte aus der Altersgruppe der über 40-Jährigen rekrutieren (vgl. Szebel-Habig 2004, S. 62.). Diese Tendenz gilt nicht nur für Deutschland, sondern auch für die Schweiz, wie die Abbildung 1 zeigt.

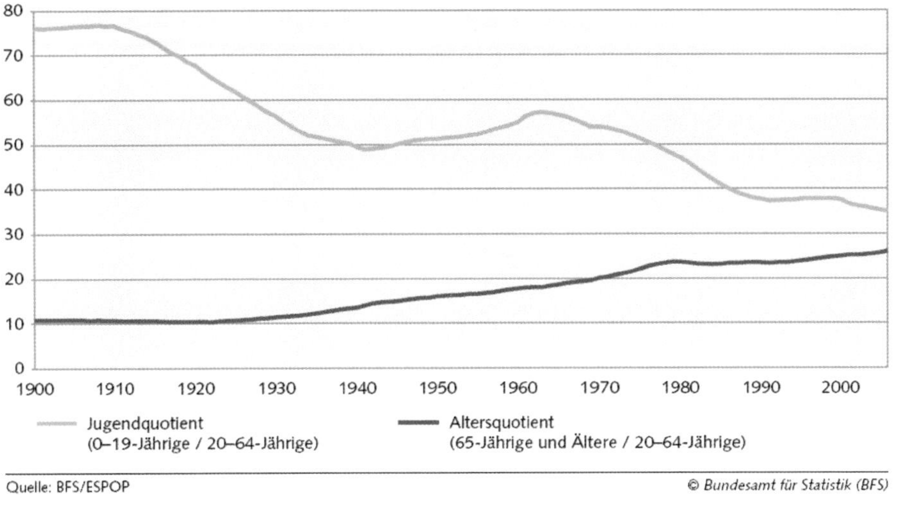

Abbildung 1 Jugend und Altersquotient, 1900 - 2006
Quelle: Bundesamt für Statistik

Der Wandel des Altersaufbaus hat die Verhältnisse zwischen den Generationen verändert. Durch diese demografische Entwicklung wird Mitarbeiterbindung an Bedeutung gewinnen (vgl. Stührenberg 2004, S. 47; Meifert 2005, S. 1). Es ist sogar die Rede von „War for Talents“ (Geschwill 2001, S. 2). Schon heute hört man davon, wie schwierig es ist, gute Mitarbeiter zu bekommen. Knoblauch (2004, S. 102) beschreibt die Problematik der Mitarbeitererhaltung und setzt sie auf die gleiche Stufe wie die Schwierigkeit, gute Mitarbeiter zu bekommen. Die Unternehmensleitung und das Human Resource Management werden immer mehr der Herausforderung gegenüberstehen, gute Mitarbeiter an das Unternehmen zu binden. „Ask leaders, what there biggest challenge is, and you get the same answer: finding, attracting and keeping talented people” (Holbeche 2001, S. 166). Es ist weitgehend unstrittig, dass Unternehmen ihre Attraktivität in der Zielgruppe deutlich steigern müssen, wenn sie Personal mit ausgeprägten sozialen und fachlichen Kompetenzen anziehen und langfristig binden wollen (vgl. Gertz 2003, S. 56).

2.1.2 Situation der Firma X AG

Die Firma X AG ist ein Handelsunternehmen, welches pneumatische Komponenten anbietet. Das im Jahr 1976 gegründete Unternehmen X AG ist durch stetiges Wachstum geprägt. In über 25 Jahren entwickelte es sich von einem Kleinbetrieb mit 4 Mitarbeitern zu einem Unternehmen mit über 160 Mitarbeitern. Neben dem Hauptsitz im Kanton Zürich betreibt die Firma X AG zwei Regionalverkaufsstellen in Servion und Lugano. Die Kundennähe bzw. die Beratung steht im Vordergrund. Für diese Dienstleistung ist das Unternehmen auch bekannt. Wenn ein Mitarbeiter die Firma verlässt, hinterlässt dies ein ungutes Gefühl bei den Arbeitnehmern. Weshalb dieser Mitarbeiter? Wieso schon nach einem Jahr? Besonders wenn es ein Mitarbeiter ist, welchen man für die Firma als sehr wichtig empfunden hat. Nicht nur als Arbeitnehmer, sondern auch als Mensch. Man baut gute geschäftliche Beziehungen auf, welche plötzlich beendet werden. Schlimmer noch ist die Situation, wenn die Kunden einen noch darauf aufmerksam machen, wie schade es sei, dass jener Mitarbeiter die Firma verlassen habe. Die Teilnahme des Kunden sagt schon etwas darüber aus, dass der Firma viel mehr verloren geht als nur ein Arbeitnehmer. Es geht nämlich auch ein Stück Kundenbindung verloren. Zudem motiviert es die übrig gebliebenen überhaupt nicht. Die Kollegen müssen die Lücken füllen, bis ein Nachfolger eingestellt wird. Meistens dauert dies mehrere Monate. Die Firma X AG schätzt ihre Beschäftigten, dies wird zumindest gesagt. Ziel des HR-Managements ist es, die Fluktuationsrate zu senken, weil man die Mitarbeiter nicht verlieren will. Es geht aber nicht nur darum, dass es weniger Mitarbeiter geben wird, welche das Unternehmen verlassen, sondern vor allem darum, dass man eine höhere Bindung der Mitarbeiter erreichen möchte.

2.2 Zielsetzung und Fragestellung

Ziel der Untersuchung ist die Beantwortung folgender zentraler Fragestellung:

Was kann die Firma X AG tun, um eine höhere Mitarbeiterbindung zu erreichen?

2.3 Methodologie

Die Positionierung der Arbeit ist in die Gruppe „Case Study“ zuzuteilen. In dieser Arbeit werden Ergebnisse empirischer Untersuchungen von Forschungsinstituten bezüglich wichtiger Faktoren der Mitarbeiterbindung beigezogen und mit der Theorie verglichen. Die gewonnenen Erkenntnisse werden zusammengeführt. Daraus ergibt sich innerhalb der Case Study eine quantitative Erhebung bezüglich Mitarbeiterbindung. Somit wird schlussendlich ersichtlich, wo das Unternehmen X AG ansetzen kann, um eine höhere Bindung der Arbeitnehmer zu erreichen.

2.4 Vorgehen

Es wird zunächst gezeigt, wo „Mitarbeiterbindung“ innerhalb des Unternehmens verankert werden muss. Aus der Theorie bzw. Literatur werden wichtige Erkenntnisse über die Mitarbeiterbindung gewonnen. Es soll herausgefunden werden, welche Faktoren wichtig sind, um eine höhere Mitarbeiterbindung zu erzeugen. Danach werden empirische Untersuchungen beigezogen und die Ergebnisse mit der Theorie verglichen. Die so gewonnenen Erkenntnisse fliessen dann in den Fragebogen ein. Die Auswertung des Fragebogens soll Transparenz geben über die Prioritäten der Mitarbeiter. Es soll ersichtlich werden, was die Firma X AG tun kann, um eine höhere Mitarbeiterbindung zu erreichen.

2.5 Abgrenzung

In dieser Arbeit wird nur das Unternehmen X AG betrachtet. Der Fragebogen wird an alle Mitarbeiter verteilt. Es werden empirische Ergebnisse aus Deutschland und der Schweiz beigezogen.

3 Mitarbeiterbindung

3.1 Grundlagen

3.1.1 Neue Funktion des HRM

Es soll gezeigt werden, wo die Personalerhaltung in ein umfassendes Personalmanagement eingeordnet werden kann. Thom (2001, S. 118) unterteilt das Personalmanagement in Prozess- und Querschnittfunktionen. Diese werden durch ein strategisches Personalmanagement (Metafunktion) gesteuert. Wie in Abbildung 2 ersichtlich, ist die Personalerhaltung eine Prozessfunktion eines nachhaltigen Personalmanagements. In der Literatur findet man häufig auch den Begriff „Human Resources Management".

Metafunktion Strategisches Personalmanagement						
Querschnitts-funktionen	**Prozessfunktionen**					
Personal-controlling	Personalbedarfsermittlung	Personalgewinnung	Personalentwicklung	Personaleinsatz	***Personalerhaltung***	Personalfreistellung
Personal-marketing						
Personal-information						
Organisation des Personalmanagements						

Abbildung 2 Funktion des Personalmanagements

Quelle: Thom 2001, S. 118

In vielen Unternehmen galt das Human Resource Management als „Vertreter der Mitarbeiter" gegenüber der Geschäftsleitung. In Bezug auf die Personalbindung ist eine Neudefinition nötig. „Der Erfolg der Personalbindungsmassnahmen wird in hohem Masse davon abhängen, inwieweit es gelingt, das Human Resource Management auf seine neue Funktion als strategischer Partner in der Geschäftsleitung auszurichten" (Stührenberg 2004, S. 48). "Bindungsmanagement ist eine zentrale Aufgabe des Personalmanagements!" (Gonschorrek 2004, S. 198). Durch die ständige Bindungsarbeit wird der Personalmanager zum Bindungsexperten (vgl.

Gonschorrek 2004, S. 198). Die Bindungsexperten werden sich Gedanken machen müssen, wen man an das Unternehmen binden will. Um im Wettbewerb bestehen zu können, braucht es sehr kreative Kräfte. Das heisst, man wird sich mit der Mitarbeiterqualität auseinandersetzen müssen. Dazu zählen zum Beispiel das Wissen der Mitarbeiter bezüglich Kunden und Zulieferer (vgl. Szebel-Habig, 2004, S. 33).

Beim Unternehmen X AG wird ein Umdenken nötig sein bezüglich des HRM. Dies bedeutet, dass das HRM nicht mehr nur als Vertreter der Mitarbeiter gegenüber der Geschäftsleitung tätig sein wird. Das HRM muss als strategischer Partner der Geschäftsleitung aktiv werden, welcher sich mit den Mitarbeiterqualitäten auseinandersetzen muss.

3.1.2 Begriffe der Mitarbeiterbindung

Bezüglich des Begriffs „Mitarbeiterbindung" gibt es verschiedene Ansätze, welche sich jedoch sehr ähnlich sind. Vom Hofe (2005, S. 8) definiert Mitarbeiterbindung als empfundene Verbundenheit sowie seine Gebundenheit an ein Unternehmen und umfasst alle Massnahmen eines Unternehmens, Mitarbeiter darin zu beeinflussen, beim Unternehmen zu verbleiben und die Beziehung zu festigen. Bertrand (2004, S. 266) sieht das Ziel der Personalbindungsstrategien darin, „besondere Mitarbeiter oder Mitarbeitergruppen dauerhaft im Unternehmen zu halten." Szebel-Habig (2004, S. 33) sieht im Begriff Mitarbeiterbindung ein Phänomen, wonach beim Mitarbeiter ein besonderes Gefühl der Zugehörigkeit empfunden wird, welches sich in Betriebstreue und damit einem Verbleib im Unternehmen niederschlägt. In der Literatur findet man auch Begriffe wie Identifikation, Integration, Loyalität, Mitarbeiterbindung, Personalbindung, Personalerhaltung, oder auch Attraction, Commitment, Retainment, Staff Retention. Diese und andere, weniger gebräuchliche Begriffe umschreiben, dass Arbeitgeber die Verweildauer der geschätzten Beschäftigten im Unternehmen intensivieren und verlängern, sie also zu Leistung und Treue anspornen möchten (vgl. Armutat 2003, S. 96; Pepels 2002, S. 130).

3.1.3 Bedeutung der Mitarbeiterbindung

In diesem Abschnitt soll dargestellt werden, weshalb Mitarbeiterbindung für Unternehmen wichtig ist, somit auch für das Unternehmen X AG.

Für ein Unternehmen gibt es unter anderem folgende wichtige Gründe, die Mitarbeiterbindung zu verstärken: Wachstum durch Wissensmanagement, loyale Kunden, höhere Produktivität und Rentabilität, niedrigere Fluktuationskosten, positives Unternehmensimage in der Öffentlichkeit und Sicherheit (vgl. Szebel-Habig 2004, S. 24).

3.1.3.1 Wachstum durch Wissensmanagement

Um als Unternehmen erfolgreich zu sein, geraten immer mehr die in der Bilanz unsichtbaren Wachstumsmotoren ins Blickfeld, wie zum Beispiel Kundenbindung, Optimierung von Geschäftsprozessen und das Kreativitätspotential der Mitarbeiter (vgl. Szebel-Habig 2004, S. 24). Das Unternehmen X AG pflegt eine Strategie der Kundennähe. Deshalb ist es wichtig, zum Kunden eine vertrauensvolle Beziehung aufzubauen und seinen Bedarf genau zu kennen. Dies geschieht unter anderem mit exzellenten Aussendienstmitarbeitern, mit klar definierten Ansprechpartnern und hoher Problemlösungskompetenz für den Kunden (vgl. Szebel-Habig 2004, S. 25). „Je personenbezogener ein Unternehmen mitunter seine austauschbaren Produkte verkauft, desto wichtiger werden loyalere Mitarbeiter“ (Szebel-Habig 2004, S. 25). Wissen stellt einen entscheidenden Faktor für Wettbewerbsvorteile dar. „Neben 'Arbeit', 'Boden' und 'Kapital' ist 'Wissen' der vierte Produktionsfaktor, der zunehmend an Bedeutung gewinnt“ (Stührenberg 2004, S. 35).

3.1.3.2 Loyale Kunden

Reichheld (1997a) hat anhand diverser Firmenbeispiele nachgewiesen, „dass mit längerer Betriebszugehörigkeit bei Mitarbeitern die Kundenbindung steigt und das Unternehmen pro Mitarbeiter einen für die Branche überdurchschnittlichen Wertschöpfungsbeitrag erzielt“ (Reichenheld zit. nach Szebel-Habig 2004, S. 28), wie in der Abbildung 3 (vgl. S. 9) zu sehen ist.

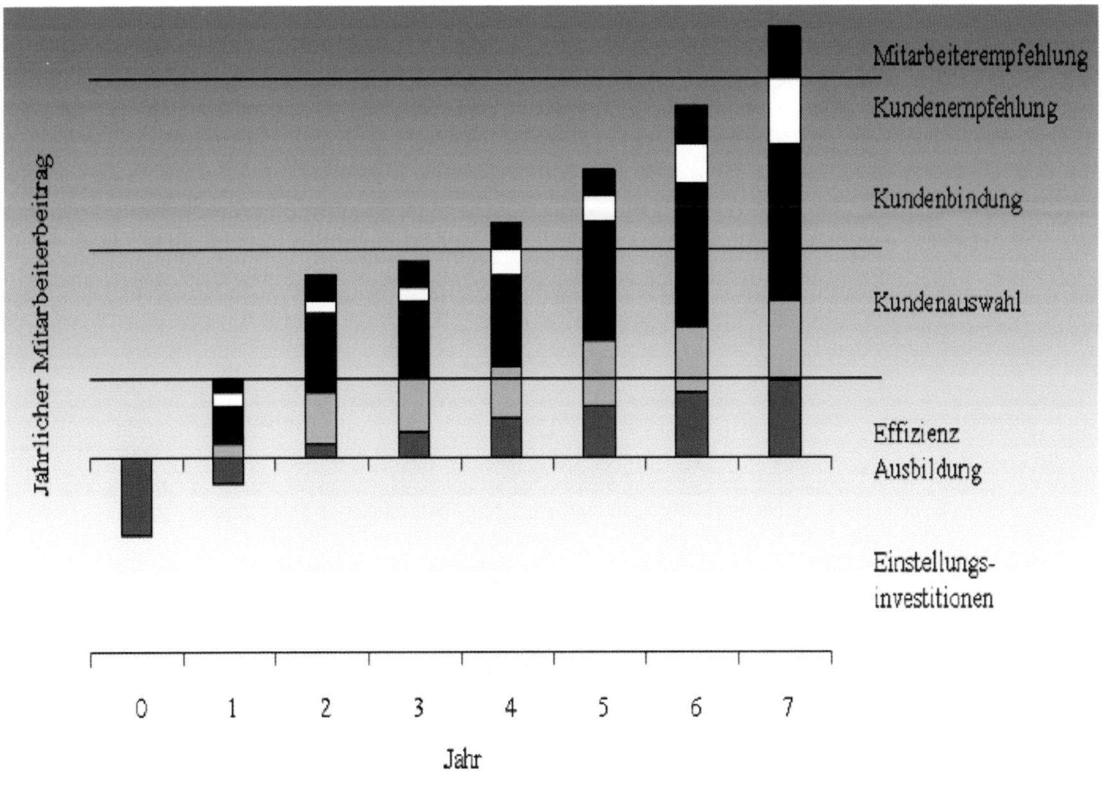

Abbildung 3 Warum langjährige Mitarbeiter Wert schaffen
Quelle: Reichenheld (1997b, S. 125)

Wechselt der Ansprechpartner des Kunden häufig, so fühlt sich der Kunde nicht mehr ernst genommen (vgl. Szebel-Habig 2004, S. 28).

3.1.3.3 Höhere Produktivität und Rentabilität

Eine Studie der International Survey Research ISR (2002) hat nachgewiesen, dass Unternehmen mit einer höheren Mitarbeiterbindung eine signifikant höhere Umsatzrendite und Nettogewinnspanne erwirtschaften konnten (vgl. Szebel-Habig 2004, S. 30), wie in Abbildung 4 (vgl. S. 10) zu sehen ist.

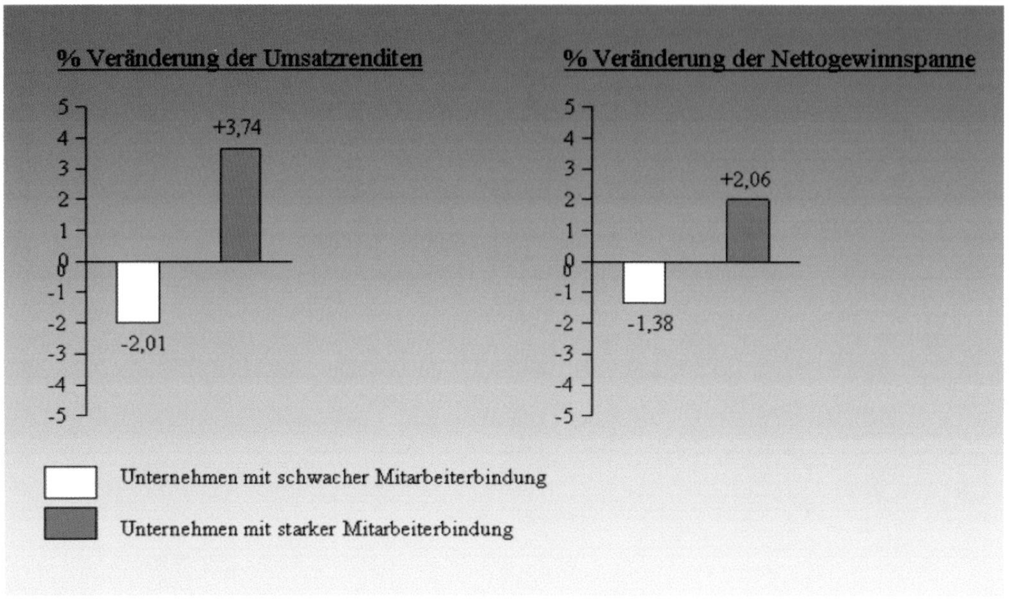

Abbildung 4 Warum Unternehmen Mitarbeiter binden

Quelle: International Survey Research (2002). In: Szebel-Habig (2004), S. 30

3.1.3.4 Niedrigere Fluktuationskosten

Einem Unternehmen können durch ungewollte Fluktuation der Mitarbeiter folgende Kosten entstehen (vgl. Szebel-Habig 2004, S. 31):

Kosten des ehemaligen Mitarbeiters durch Absentismus, Freistellung oder Minderleistung. Es kommen Entlassungskosten dazu, zum Beispiel durch administrative Abwicklung oder durch ein Austrittsinterview. Weiter können Abfindungszahlungen hinzukommen. Es entstehen Anwerbungskosten für den neuen Mitarbeiter: Internetauftritt, Annonce, Arbeitsvermittlung. Zudem fallen Auswahl- und Einstellungskosten an, zum Beispiel durch Vorstellungsgespräche (vgl. Szebel-Habig 2004, S. 31). Nicht vergessen darf man die Einarbeitungskosten: interne Schulungen und Minderleistungen in den ersten drei bis zwölf Monaten. Es können durchaus noch weitere Kosten dazukommen, dann nämlich, wenn die Fluktuation das gute Betriebsklima beeinträchtigt durch einen sich selbst verstärkenden Effekt der Fluktuation. Zum Beispiel, wenn abwandernde Mitarbeiter ihre Kollegen gleich mitnehmen (vgl. Szebel-Habig 2004, S. 31). Wucknitz (2000, S. 165) geht davon aus, dass es fünfmal so teuer ist, einen neuen Beschäftigten zu gewinnen als einen bewährten zu halten. „Diese Fluktuationskosten können durch Massnahmen der Personalbindung reduziert werden“ (vgl. Stührenberg 2004, S. 39).

3.1.3.5 Positives Unternehmensimage in der Öffentlichkeit

Es ist erwiesen, dass bekannte Firmen mit starken Marken, wie zum Beispiel Nivea, BMW, Lufthansa und andere, insbesondere High Potentials anziehen (vgl. Esch in FAZ vom 14.4.2003, S. 24). „Eine Marke wirkt wie eine Qualitätsorientierung in der Öffentlichkeit, so dass diejenigen, die für einen hoch anerkannten Markenanbieter tätig sind, sich davon eine Aufwertung ihres eigenen Marktwertes versprechen" (Szebel-Habig 2004, S. 32). Wenn eine Firma in der Wahrnehmung ihrer Mitarbeiter sowie nach aussen ein gutes Image hat, wird sie die Einstellungskosten deutlich senken können. Grund dafür ist, dass die Mitarbeiter durch Mund-zu-Mund-Werbung neue Mitarbeiter anheuern. Eine hohe Personalfluktuation kann dazu führen, dass die Attraktivität des Unternehmens sinkt. Dadurch können sich negative Effekte in der Personalbeschaffung zeigen (vgl. Szebel-Habig 2004, S. 32).

3.1.3.6 Sicherheit

Unternehmen gehen immer mehr Risiken ein. Am Beispiel ausscheidender Mitarbeiter sei hier die Möglichkeit erwähnt, Daten zu kopieren oder zu löschen (vgl. Szebel-Habig 2004, S. 32). Noch schlimmer ist es bei Mitarbeitern, welche zur Konkurrenz abwandern. Gegenwärtige Preislisten und andere Dokumente könnten so direkt an die Konkurrenz übergehen. „Umso wichtiger ist es, Mitarbeiter zu rekrutieren und an sich zu binden, die die Bereitschaft haben, sich mit dem Unternehmen und nicht nur mit der jeweiligen Aufgabe zu identifizieren" (Szebel-Habig 2004, S. 32).

3.1.4 Theorieansätze der Mitarbeiterbindung

In diesem Abschnitt wird aus verschiedenen theoretischen Ansätzen aus der Ökonomie beziehungsweise Psychologie das Konstrukt Mitarbeiterbindung erklärt. Dabei wird die Theorie der Kundenbindung herangezogen. Es scheint sich ein Trend zu entwickeln, die Kundenbindungsforschung als mögliches Konstrukt zur Erklärung der Mitarbeiterbindung beizuziehen (vgl. Meifert 2005, S. 59; Bauer, Jensen 2001, S. 11; vom Hofe 2005, S. 45). „Allein die sprachliche Nähe der beiden Begriffe Mitarbeiter- und Kundenbindung legt es nahe, zu prüfen, inwiefern die Erkenntnisse der Kundenbindungsforschung Impulse für die Erklärung des Phänomens Mitarbeiterbindung liefern können" (Meifert 2005, S. 59). „Das von Peter im Jahre 1997 vorgestellte Modell der Kundenbindung hat in der Wissenschaft besondere Anerkennung gefunden" (vom Hofe 2005, S. 45). Bei diesem Modell werden alle vier Kategorien von Kundenbindungsdeterminanten berücksichtigt, nämlich leistungsbezogene, beziehungsbezogene, marktbezogene und kundenbezogene (vgl. vom Hofe 2005, S. 46). Dieses Modell wurde branchenübergreifend getestet. Deshalb kann von einer „branchenunabhängigen Einsetzbarkeit ausgegangen werden“ (vom Hofe 2005, S. 46). In der Herleitung des Modells von Peter werden verschiedene Theoriekonzepte herangezogen. Die Abbildung 5 zeigt die einzelnen Theoriekonzepte.

Ökonomie	Psychologie / Verhaltenswissenschaften
Mikroökonomische Theorie	Sozialpsychologische Interaktionstheorien
Transaktionskostentheorie	Equity Theorie
	Konstrukt Variety Seeking

Abbildung 5 Theoriekonzepte zur Erklärung der Kundenbindung

Quelle: vom Hofe 2005, S. 50

Diese Theorien werden nun erklärt.

3.1.4.1 Mikroökonomische Theorie

Die Mikroökonomische Theorie Hirschmanns, welche der Ökonomie zugeordnet wird, wurde 1974 veröffentlicht (vgl. vom Hofe 2005, S. 50). Vom Hofe überträgt die Mikroökonomische Theorie Hirschmanns auf die Mitarbeiterbindung (vgl. vom Hofe 2005, S. 55). Diese Theorie besagt, dass ein Arbeitnehmer, welcher unzufrieden ist am Arbeitsplatz, zwei Reaktionsmöglichkeiten hat, nämlich Abwanderung und Widerspruch (vgl. vom Hofe 2005, S. 55; Meifert 2005, S. 62 f.). Das heisst, dass das Vorhandensein von Unzufriedenheit des Arbeitnehmers nicht zwangsläufig zur Abwanderung bzw. Kündigung führt (vgl. Bauer, Jensen 2001, S. 14). Man hat auch immer die Möglichkeit, mit der Unzufriedenheit zu leben. Dabei kommt den Wechselhemmungen eine hohe Bedeutung zu, die eben dazu führt, dass der Mitarbeiter sich gegen die Abwanderung entscheidet (vgl. vom Hofe 2005, S. 56). Gründe dieser Wechselhemmnisse können verschiedener Art sein, zum Beispiel das Gehalt, die Betriebsrente, oder psychische Wechselhindernisse durch das zum Unternehmen aufgebaute Vertrauen und durch die im Laufe der Zeit erworbene Position. Diese steht in einem starken Zusammenhang mit den sozialen Wechselbarrieren. Dabei geht es um die Beziehungen, welche der Arbeitnehmer über die Jahre aufgebaut hat

(vgl. vom Hofe 2005, S. 56). Die Reaktionsmöglichkeit des Arbeitsplatzwechsels wird durch den Arbeitnehmer als sehr risikobehaftet wahrgenommen. Kein Wunder, denn der Arbeitsplatz ist schliesslich wichtig für die Existenz. Ein Verlust ist mit weit reichenden Konsequenzen verbunden, und eine Revidierung der Entscheidung ist in seltenen Fällen möglich (vgl. vom Hofe 2005, S. 56). Die Mikroökonomische Theorie Hirschmanns scheint für die Erforschung der Mitarbeiterbindung geeignet zu sein (vgl. Meifert 2005, S. 63). Mit ihr lässt sich die Existenz von Wechselbarrieren erfassen (vgl. vom Hofe 2005, S. 56).
Was bedeutet diese ganze Theorie für das Unternehmen X AG? Nichts anderes, als dass man sich bewusst sein muss, dass es mit Sicherheit Arbeitnehmer gibt, welche täglich unzufrieden ins Unternehmen kommen. Die Wechselhemmnisse sind zu gross, deshalb verbleiben sie im Unternehmen. Daher müssen Massnahmen getroffen werden, damit diese Mitarbeiter nicht nur aus Wechselhemmnissen dem Unternehmen treu bleiben.

3.1.4.2 Transaktionskostentheorie

Bei der Transaktionstheorie geht es um die bisher getätigten Investitionen aus der Sicht des Arbeitnehmers (vgl. Szebel-Habig 2004, S. 85). Dabei spielen vor allem die in eine Beziehung getätigten Investitionen eine Rolle. Diese Investitionen rufen ein gewisses Wechselrisiko hervor (vgl. vom Hofe 2005, S. 58; Bauer/Jensen 2001, S. 16). Zum Beispiel könnte dies ein Umzug sein, welcher vor Antritt einer Stelle erfolgt. Bei einem erneuten Wechsel würden zusätzliche Investitionen erfolgen, und die bereits getätigten Investitionen wären wertlos (vgl. vom Hofe 2005, S. 58). Dies erzeugt also auch einen gewissen Bindungseffekt. Investitionen des Mitarbeiters in seine Geschäftsbeziehung zum Arbeitgeber liegen auch dann vor, wenn sich ein Mitarbeiter durch Weiterbildung Spezialkenntnisse oder Erfahrungen angeeignet hat, welche bei einem Stellenwechsel weniger oder überhaupt nicht wertvoll wären (vgl. vom Hofe 2005, S. 58; Bauer, Jensen 2001, S. 16). Bezüglich den nicht monetären Investitionen in eine Beziehung kommt dem „Vertrauen“ eine bedeutende Rolle zu (vgl. vom Hofe 2005, S. 59). Der Arbeitnehmer muss in das Unternehmen und seine zukünftige Entwicklung vertrauen können. Nur so kommt ein langfristiges Arbeitsverhältnis zustande. Dies beinhaltet auch das Vertrauen in die Vorgesetzten, welche die richtigen Entscheidungen treffen müssen, um das Unternehmen wettbewerbsfähig in die Zukunft zu führen (vgl. vom Hofe 2005, S. 59).

Die bisher getätigten Investitionen eines Arbeitnehmers sowie das Vertrauen in die Vorgesetzten, richtige Entscheidungen zu treffen, spielen eine wichtige Rolle.

3.1.4.3 Sozialpsychologische Interaktionstheorien

„Die sozialpsychologischen Interaktionstheorien entstammen aus der Sozialpsychologie und sind Theorien sozialer Tauschprozesse“ (vom Hofe 2005, S. 60). Zwischenmenschliche Beziehungen sind gekennzeichnet durch Geben und Nehmen. Kein Partner wird auf Dauer bereit sein, mehr zu geben als zu nehmen (vgl. vom Hofe 2005, S. 60; Szebel-Habig 2004, S. 84; Bauer, Jensen 2001, S. 17). Unterschiedliche Autoren vertreten den Ansatz der sozialpsychologischen Interaktionstheorie. Die am meisten verbreitete Version lieferten Thibaut/Kelley (1959, vgl. vom Hofe 2005, S. 60). Sie gehen von der Grundannahme aus, dass jede Verhaltensoption einen bestimmten Wert besitzt, welcher die Kosten und Nutzen repräsentiert. Dieser Wert lässt sich aus der Differenz ermitteln, wobei das Ergebnis individuell für jede Partei unterschiedlich ausfallen kann (vgl. vom Hofe 2005, S. 60). Um das Modell zu erklären, führt Thibaut/Kelley (vgl. vom Hofe 2005, S. 60) das Vergleichsniveau (Comparison Level CL) ein. Dieser Wert entspricht den in einer Beziehung gemachten Erfahrungen und unterliegt der subjektiven Wahrnehmung jedes Einzelnen. Mit Hilfe des CL-Wertes kann ermittelt werden, wie hoch die Zufriedenheit mit den Ergebnissen der Geschäftsbeziehung (E) ist.
Das Modell zeigt die Abbildung 6.

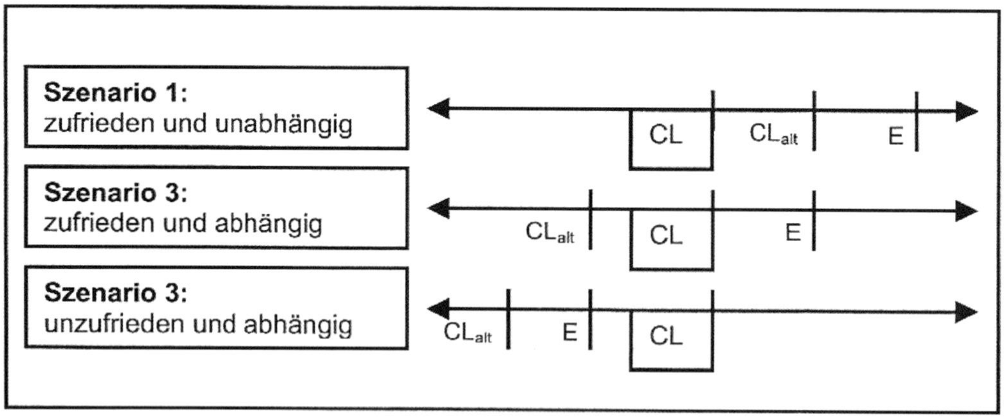

Abbildung 6 Zufriedenheit und Abhängigkeit in Beziehungen
Quelle: Schütze 1992, vgl. vom Hofe 2005, S. 61

Je nach Erfahrung mit der Geschäftsbeziehung variiert das CL und somit die Zufriedenheit mit der Beziehung. Auch bei einem niedrigen CL kann die Beziehung weitergeführt werden, wenn keine mindestens gleichwertige Alternative existiert. Um herauszufinden, ob jemand eine längerfristige Geschäftsbeziehung eingeht oder nicht, bzw. diese fortsetzt, reicht dieser CL-Wert alleine nicht aus. Deshalb wurde der Vergleichswert CL_{alt} (Comparison Level for Alternatives) eingeführt (vgl. vom Hofe 2005, S. 60). Schütze (1992) definiert diesen Wert als „das niedrigste Niveau der Ergebnisse einer Beziehung, das eine Person unter Berücksichtigung alternativer Möglichkeiten gerade noch akzeptiert" (Schütze zit. nach vom Hofe 2005, S. 62). Der Arbeitnehmer wird die Beziehung beenden, wenn das Niveau der wahrgenommenen Ergebnisse (E) den CL_{alt} unterschreitet (vgl. vom Hofe 2005, S. 62). Das heisst, nur ein zufriedenstellendes Kosten-Nutzen-Verhältnis sichert den Fortbestand einer Geschäftsbeziehung. „Eine wechselseitige Zufriedenheit wird als zentrale Determinante einer dauerhaften Beziehung konstatiert" (vom Hofe 2005, S. 63). In Bezug auf die Mitarbeiterbindung wird deshalb vermutet, dass Arbeitszufriedenheit eine zentrale Determinante darstellt (vgl. vom Hofe 2005, S. 63). Es ist unumstritten, dass Arbeitszufriedenheit eine wichtige Komponente für die Bindung an eine Organisation darstellt (vgl. Bauer, Jensen 2001, S. 17).

Aus Sicht des Unternehmens X AG heisst das:
Arbeitszufriedenheit ist sehr wichtig in Bezug auf Mitarbeiterbindung. Will man die Abwanderung des Geschäftspartners verhindern, so muss dafür gesorgt werden, dass dessen Zufriedenheit nicht unter sein CL_{alt} absinkt. Erweist sich ein anderer Arbeitgeber als attraktiver ($CL_{alt}>E$), so wird wahrscheinlich ein Wechsel stattfinden, unabhängig davon, ob der Arbeitnehmer mit seiner aktuellen Position zufrieden ist oder nicht (vgl. vom Hofe 2005, S. 64; Bauer, Jensen 2001, S. 18).

3.1.4.4 Equity-Theorie

Die Equity-Theorie wurde bei der Modellbildung in der Kundenbindungsforschung erfolgreich genutzt und wird als eine der bedeutendsten allgemeinpsychologischen Theorien angesehen (vgl. vom Hofe 2005, S. 64). Die Gerechtigkeitstheorie wurde von Adams (1965) entwickelt. Die Grundlage dieser Theorie basiert auf der Austauschtheorie. Arbeitnehmer investieren in soziale Beziehungen und erhalten eine Gegenleistung, wobei hier Diskrepanzen erlebt werden können (vgl. vom Hofe 2005,

S. 65). „Die Equity-Theorie basiert auf der individuellen Interpretation von Fairness zwischen Input und Output eines Austauschprozesses zwischen Arbeitgeber und Arbeitnehmer“ (Pepels 2004, S. 54). Dabei kommt es nicht auf das objektive Verhältnis von Input zu Output an, sondern allein auf das empfundene Verhältnis (vgl. Pepels 2004, S. 54). Der Arbeitnehmer gibt einen Input in Form von Arbeitsleistung. Dafür erhält er eine Gegenleistung. Diese kann in Form einer Vergütung oder/und Anerkennung erfolgen. Welche Ertragsform ein Arbeitnehmer bevorzugt, ist unterschiedlich (vgl. vom Hofe 2005, S. 68). Der eine strebt eine Gehaltserhöhung an, für den anderen ist das Erreichen eines bestimmten Titels wichtig oder die Zuteilung eines Firmenwagens. Solange ein Mitarbeiter das Verhältnis von Erträgen und Investitionen als gerecht empfindet, ist er zufrieden. Wenn der Arbeitnehmer sich benachteiligt fühlt, verspürt er eine Spannung, welche er versucht, aufzuheben. „Eine Möglichkeit zur Auflösung dieser Spannung stellt die Kündigung des bestehenden Arbeitsverhältnisses dar“ (vom Hofe 2005, S. 68).

Die empfundene Gerechtigkeit wird hier also angesprochen. Es kommt nicht darauf an, wie das Management bzw. HRM die Gegenleistung empfindet, sondern wie der entsprechende Arbeitnehmer sie wahrnimmt. Eine als ungerecht empfundene Gegenleistung kann in einer Kündigung des Arbeitnehmers enden.

3.1.4.5 Konstrukt Variety Seeking

Unter Variety Seeking wird das Streben eines Menschen nach Abwechslung verstanden (vgl. Pepels 2004, S. 52; vom Hofe 2005, S. 68; Bauer, Jensen 2001, S. 18). Im Unterschied zu den bisher angeschauten Theorien handelt es sich hierbei nicht um eine Theorie, sondern um ein „Konstrukt der Verhaltenstheorie“ (vgl. vom Hofe 2005, S. 68). Denn sie macht keine Aussage darüber, welche Faktoren die Bindung stützen, sondern erklärt lediglich, aus welchen Gründen die Beziehungen beendet werden. Es ist somit der Ausdruck eines Nutzens, welcher der Mensch aus der Abwechslung zieht (vgl. Peter 1999, S. 100; Meifert 2005, S. 68). Es wird vermutet, dass Variety Seeking einen Einfluss auf die Mitarbeiterbindung hat (vgl. vom Hofe 2005, S. 69). So kann zum Beispiel das Streben nach beruflicher Karriere ein Ausdruck des Nutzens der Abwechslung sein. Dieser Ansatz könnte also erklären, weshalb Arbeitnehmer den Arbeitgeber wechseln, obwohl sie mit den Tätigkeiten hoch zufrieden sind (vgl. vom Hofe 2005, S. 69). Dies dürfte jedoch eher selten der Fall sein.

3.1.5 Zusammenfassung und Fazit

Vom Hofe (2005, S. 71) geht davon aus, dass die wichtigsten Elemente aus den verschiedenen Theorien die Bestimmungsfaktoren der Mitarbeiterbindung darstellen. Die Abbildung 7 veranschaulicht die verschiedenen Theorien und die daraus folgenden Bestimmungsfaktoren.

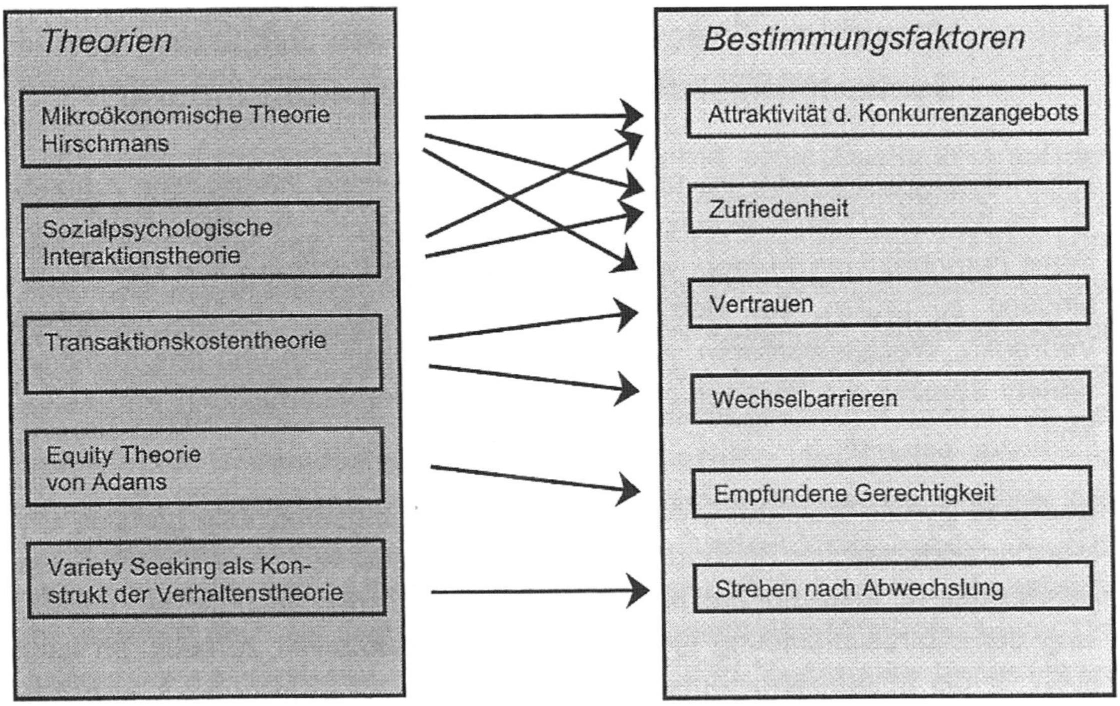

Abbildung 7 Identifizierte Bestimmungsfaktoren der Mitarbeiterbindung
Quelle: vom Hofe 2005, S. 71

Bauer/Jensen unterstreichen das Ganze und nennen folgende zentrale Grössen der Mitarbeiterbindung:

- Attraktivität des Konkurrenzangebotes
- Arbeitszufriedenheit
- Risiko der Entscheidung
- Wechselbarrieren
- Streben nach Abwechslung

Dem „Risiko der Entscheidung“ wird nach einschlägigen Untersuchungen nur eine geringe Beachtung geschenkt (vgl. Bauer, Jensen 2001, S. 21 f.).

Es hat sich gezeigt, dass die Erkenntnisse der Kundenbindungsforschung auf die Mitarbeiterbindung übertragen werden können. Die Bestimmungsfaktoren der Mitarbeiterbindung wären also Attraktivität des Konkurrenzangebots, Zufriedenheit, Vertrauen, Wechselbarrieren, empfundene Gerechtigkeit und Streben nach Abwechslung.

3.1.6 Modell der Mitarbeiterbindung

Die verschiedenen Hypothesen werden in einem Modell zusammengefasst dargestellt. Es ergibt sich folgendes Erklärungsmodell (siehe Abbildung 8).

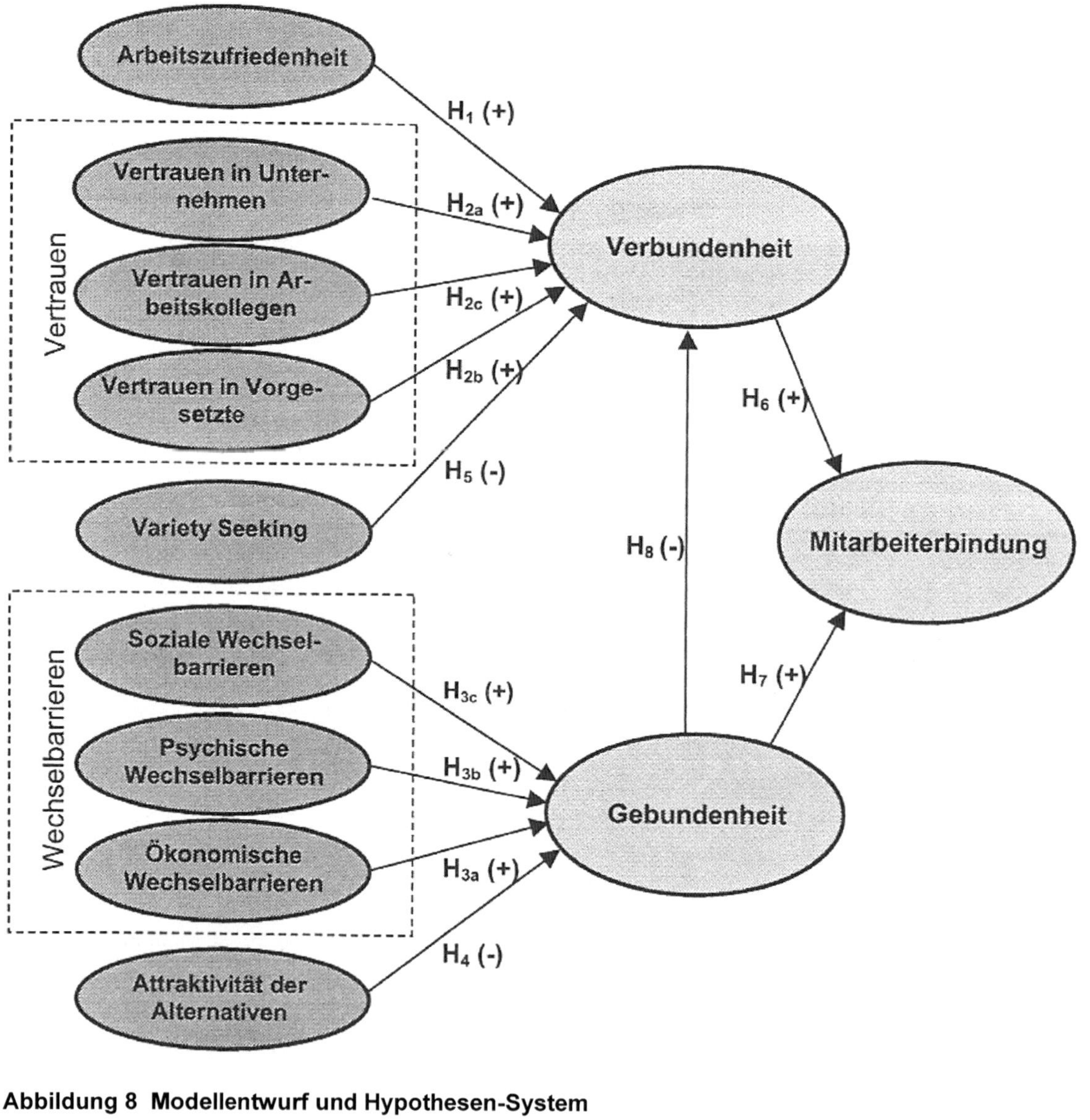

Abbildung 8 Modellentwurf und Hypothesen-System

Quelle: vom Hofe 2005, S. 89

Es fällt auf, dass die einzelnen Faktoren aus den verschiedenen Theorien nicht direkt zur Mitarbeiterbindung führen, sondern zuerst nach „Gebundenheit“ und „Verbundenheit“, wie in der Abbildung 8 zu sehen ist. Dabei ist jeweils die positive oder negative Korrelation bei den Pfeilen zu sehen. Die Arbeitszufriedenheit korreliert zum Beispiel positiv mit der Verbundenheit ($H_1(+)$). Verbundenheit ist ein Nicht-Wechseln-Wollen (vgl. vom Hofe 2005, S. 72). Im Zusammenhang mit Mitarbeiterbindung stellt Verbundenheit eine uneingeschränkte Entscheidungsfreiheit dar. Sie äussert sich dadurch, dass der Arbeitnehmer vom Unternehmen überzeugt ist. Es ist sein Wunsch, dem Unternehmen weiterhin anzugehören. „Dieser Zustand kann als zustimmende Loyalität bezeichnet werden“ (vom Hofe, S. 72 f.). Personalbindung beinhaltet aber auch das Element „Gebundenheit“ (vgl. Bröckermann 2004, S. 19). Gebundenheit hat mit einer wahrgenommenen Einschränkung von Wechselmöglichkeiten zu tun, welche ökonomischer, psychischer oder sozialer Art sein können (vgl. vom Hofe 2005, S. 73). Ein Arbeitnehmer kann also bezüglich Wechsel gehindert werden. Auch die Attraktivität von Alternativen, sprich Möglichkeiten auf dem Arbeitsmarkt, spielt eine Rolle. Diese Umstände können vom Arbeitnehmer selbst nicht beeinflusst werden. Es ist also ein Nicht-Wechseln-Können. Die Arbeitsbeziehung besteht gezwungenermassen weiter. „Ein Interesse an Gebundenheit geht demnach ausschliesslich vom Unternehmen aus“ (vom Hofe 2005, S. 73). „Gebundenheit“ ist zu vermeiden. „Wer keine Wahlfreiheit hat ist gefesselt, was für die Motivation katastrophal wäre und deshalb für das Unternehmen unbedingt zu vermeiden ist“ (Müller-Vorbrüggen 2004, S. 344).

Das dargestellte Modell der Mitarbeiterbindung wird nun erläutert. Daraus werden Erkenntnisse gewonnen, bei welchen Bestimmungsfaktoren die Firma X AG ansetzen kann.

3.1.6.1 Wechselbarrieren

Ein allfälliger Verbleib des Mitarbeiters könnte auf sogenannte Wechselbarrieren zurückzuführen sein. Sie können entstehen, wenn der Mitarbeiter den Anspruch auf eine Werkswohnung, Betriebsrente, Betriebskindergarten und ähnliche Vorteile verliert. Wechselbarrieren können aber auch entstehen, wenn man auf nette Kollegen verzichten muss bei einem allfälligen Stellenwechsel (vgl. Szebel-Habig 2004, S. 84). Es könnte aber auch am Risiko der Entscheidung liegen. Dieses stellt die ökonomischen Überlegungen wie die bisher getätigten Investitionen von Seiten des

Arbeitnehmers in den Vordergrund. Hat sich zum Beispiel der Mitarbeiter intern fortentwickelt, so kann er beim Arbeitgeberwechsel das firmenintern geschätzte Know-how, Anerkennung für überdurchschnittlich lange Arbeitszeiten und vielleicht auch den Anspruch auf einen hart erkämpften Vorteil verlieren (vgl. Szebel-Habig 2004, S. 85). Klimecki und Gmür (2001, S. 319 ff.) erwähnen noch Zwang: Die Mitarbeiter bleiben im Unternehmen, weil sie gar keine andere Möglichkeit haben. Ursache dafür könnte ein Wettbewerbsverbot im Falle eines Austritts sein oder andere Sanktionen.

3.1.6.2 Attraktivität des Konkurrenzangebots

Einen Einfluss auf die Mitarbeiterbindung hat die Attraktivität des Konkurrenzangebots. Diese beruht auf einem Vergleich der wahrgenommenen Konkurrenzleistung mit der Leistung des derzeitigen Anbieters (vgl. vom Hofe 2005, S. 86).
Bevor ein Mitarbeiter die Firma wechselt, folgt eine Abwägung von Vor- und Nachteilen einer neuen Arbeitsstätte im Verhältnis zur bestehenden.

3.1.6.3 Streben nach Abwechslung

Die Suche nach Abwechslung (Variety Seeking) ist ein neuer Aspekt in der Forschung der Mitarbeiterbindung. In der Regel trifft sie auf jüngere und/oder sehr gut ausgebildete Arbeitnehmer zu, welche durch den Wechsel einen zusätzlichen Nutzen sehen neben der neuen beruflichen Herausforderung (vgl. Szebel-Habig 2004, S. 85). Dies kann geschehen durch ein schmeichelhaftes Angebot eines renommierten Unternehmens, indem man durch höheres Entgelt und hierarchische Einstufung angelockt wird (vgl. Bröckermann 2004, S. 23). Es ist ein nicht zu unterschätzender Antrieb. Man hat es in der Firma zu etwas gebracht und es schleicht sich eine Routine ein. Der „Kick“ scheint nicht mehr vorhanden zu sein. Eine Zeit lang kann das ganz angenehm sein, da man so den Reizen ausserhalb der Arbeit nachgehen kann. Jedoch wird man sich irgendwann fragen, ob man die vielen Stunden nicht spannender gestalten will (vgl. Pepels 2004 S. 52).

3.1.6.4 Vertrauen

„In Bezug auf das Subjekt Organisation basiert Vertrauen vor allem auf Strategien und Werten der Unternehmung“ (vom Hofe 2005, S. 75). Wie die Abbildung 9 (vgl. S. 21) zeigt, existiert Vertrauen auch zwischen Arbeitskollegen bzw. Vorgesetzten.

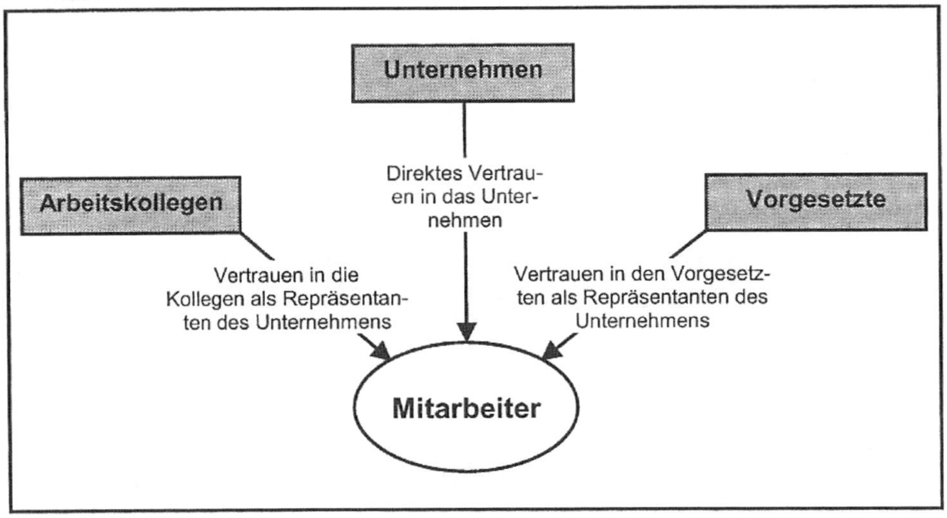

Abbildung 9 Quellen des Vertrauens in der Mitarbeiter-Unternehmens-Beziehung
Quelle: vom Hofe 2005, S.76 In Anlehnung an Graeff (1998, S. 98)

Vertrauen gewinnt zusätzlich an Bedeutung, da Arbeitnehmer in der heutigen Zeit immer öfter Unsicherheiten und Konflikte am Arbeitsplatz erleben, welche mit Hilfe von Vertrauen verringert werden können (vgl. Graeff 1998, S. 1). Beim „Vertrauen“ erfolgt ebenfalls wie beim „Zufriedenheitsbegriff“ ein Soll-Ist-Vergleich. Verglichen werden die Wünsche und Vorstellungen bzw. Erwartungen. Der Unterschied liegt jedoch darin, dass „Vertrauen“ zukunftsorientiert ist. Vertrauen gegenüber der Organisation wird „als Vorschuss“ gewährt und ist deshalb langfristig ausgerichtet (vgl. vom Hofe 2005, S. 77). Deshalb sorgt Vertrauen dafür, dass Beziehungen auch aufrechterhalten werden, wenn kurzfristig Unzufriedenheit, Enttäuschungen und Widersprüche auftreten (vgl. Wesemeier 2002, S. 77).

3.1.6.5 Zufriedenheit

„Die Relevanz der Personalzufriedenheit für die Personalbindung ist ausgesprochen hoch“ (Pepels 2004, S. 52). Bröckermann (2004, S. 20) sieht die Zufriedenheit der Arbeitnehmer als Voraussetzung für die Personalbindung. Ähnlich sieht es Stührenberg (2004, S. 43), welcher die Basis für ein erfolgreiches Konzept der Personalbindung auf die Zufriedenheit der Mitarbeiter zurückführt. Unzufriedenheit am Arbeitsplatz ist ein entscheidender Störfaktor (vgl. Pepels 2004, S. 53). Gegen die Änderungen im Lebensumfeld und die Suche nach Abwechslung kann ein Arbeitgeber nur bedingt mit Massnahmen entgegentreten. Personalunzufriedenheit muss jedoch verhindert werden. Dies ist der Hauptgrund, weshalb Mitarbeiter ihre Fähigkeiten und Willigkeiten nicht mehr zur Verfügung stellen wollen (vgl. Pepels 2004, S. 53). Die Folgen unzufriedener Mitarbeiter bewegen sich in einem breiten Spektrum. Im schlimmsten Fall führen sie zur inneren Kündigung bzw. dem Verlassen des Unternehmens (vgl. Stührenberg 2004, S. 43). Personalzufriedenheit scheint also enorm wichtig zu sein, wenn es um die Bindung der Arbeitnehmer geht. Für die Erklärung von Personalzufriedenheit und Zufriedenheit allgemein existieren unterschiedliche theoretische Ansätze. „Durchgesetzt haben dürfte sich jedoch der Confirmation-Disconfirmation-Ansatz (C-D-Theorie)“ (Pepels 2004, S. 54). Diese Theorie besagt, dass es sich bei der Zufriedenheit um einen Vergleich der Erfüllung von Erwartungen an das Beschäftigungsverhältnis (Soll-Komponente) und dessen tatsächlichen Erlebnis (Ist-Komponente) handelt (vgl. Pepels 2004, S. 54; vom Hofe 2005, S. 74; Meifert 2005, S. 54). Daraus ergeben sich verschiedene Zufriedenheitsstufen, wie in der Abbildung 10 zu sehen ist.

Erwartung	**<<**	**Erlebnis**	**=**	**Begeisterung**
Erwartung	**<**	**Erlebnis**	**=**	**Zufriedenheit**
Erwartung	**:**	**Erlebnis**	**=**	**Konformität**
Erwartung	**>**	**Erlebnis**	**=**	**Unzufriedenheit**
Erwartung	**>>**	**Erlebnis**	**=**	**Enttäuschung**

Abbildung 10 Zufriedenheitsstufen

Quelle: Eigene Darstellung in Anlehnung an Pepels 2004. In: Bröckermann; Pepels 2004, S. 55

Personalzufriedenheit ist somit gegeben, wenn die Erwartungen von den Erlebnissen bei den Mitarbeitern übertroffen werden. Personalunzufriedenheit ist gegeben, wenn die Erlebnisse hinter den Erwartungen zurückbleiben (vgl. Pepels 2004, S. 55). Erwartungen werden somit mit dem Erlebnis verglichen. Aber was wird genau verglichen? Die Erwartungen, also die Soll-Komponente, sind verschieden (vgl. Pepels 2004, S. 55). Diese Erfahrungen können aus tatsächlich vergleichbaren Arbeitsstellen stammen oder individuellen Arbeitsbedürfnissen der Arbeitnehmer, die befriedigt werden sollen. Zudem natürlich durch informelles Hörensagen von Dritten. Dies können ehemalige oder aktuelle Mitarbeiter des Arbeitgebers sein (vgl. Pepels 2004, S. 55). „Die Erlebnisse aus der Ist-Komponente folgen aus der subjektiven Wahrnehmung einer Arbeitsstelle“ (Pepels 2004, S. 55) und bestehen aus vier Komponenten. Die ersten Komponenten beinhalten den Arbeitsinhalt in Bezug auf Leistung, Anerkennung, Fortentwicklung und Verantwortung usw. Diese werden auch als Motivatoren bezeichnet (vgl. Pepels 2004, S. 55). Die zweite Komponente beinhaltet die Arbeitsbedingungen in Bezug auf das Arbeitsumfeld, Arbeitsplatzsicherheit usw. Diese werden auch als Hygienefaktoren bezeichnet (vgl. Pepels 2004, S. 55). Die dritte Komponente beinhaltet die Entlöhnung und die vierte die Organisation in Bezug auf die Geschäftspolitik, Führung, Beziehungen und Vorgesetzten (vgl. Pepels 2004, S. 55).

Die Abbildung 11 zeigt, wie sich Zufriedenheit auf das Verhalten der Mitarbeiter auswirkt.

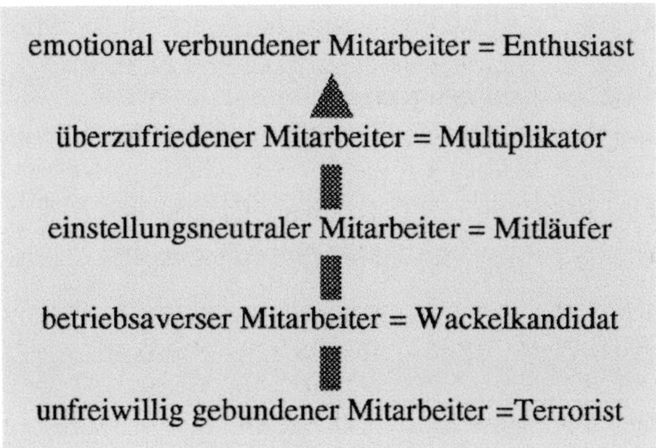

Abbildung 11 Mitarbeiterverhaltensoption

Quelle: Pepels 2004. In: Bröckermann; Pepels 2004, S. 56

Ein sehr hohes Mass an Zufriedenheit resultiert in Mitarbeiterbegeisterung. Dies führt zu Enthusiasten und Multiplikatoren unter den Mitarbeitern. Diese Mitarbeiter fühlen sich emotional verbunden, wie in der Abbildung 11 zu sehen ist. „Der Grad der Mitarbeiterzufriedenheit hat einen nachweislichen Effekt auf die Produktivität, Motivation und Loyalität der einzelnen Arbeitnehmer“ (Szebel-Habig 2004, S. 57). Klimecki und Gmür (2001, S. 319 ff.) beschreiben emotionale Verbundenheit als Zuneigung gegenüber den Kollegen beziehungsweise dem Team. Zudem identifizieren die Mitarbeiter sich auch mit den Produkten des Unternehmens. Am Arbeitsplatz erfahren sie eine hohe Arbeitszufriedenheit. Mitarbeiter, welche eine hohe Identifikation mit dem Unternehmen haben, sind stolz auf den Arbeitgeber. Es ist auch eine Herzensangelegenheit (vgl. Szebel-Habig 2004, S. 20). Emotional verbundene Mitarbeiter ziehen ihren derzeitigen Arbeitgeber anderen gegenüber gefühlsmässig vor und sind deshalb loyal. Sie erachten das Unternehmen als Teil ihres eigenen Lebens. Sie sind dankbar, identifizieren sich mit den Produkten oder dem Unternehmen als Ganzes (vgl. Pepels 2002, S. 133 f.). Eine langfristige Bindung existiert nur mit Commitment. Dieses stellt sich ein, wenn sich die betroffene Person verpflichtet fühlt, sich selbst einzubringen. Das heisst, wenn die Person ein Zugehörigkeitsgefühl gegenüber der Organisation entwickelt (vgl. Szebel-Habig 2004, S. 35). Mitarbeiter, welche eine „Nutzenkalkülbindung" haben, also nicht emotional an das Unternehmen gebunden sind, verlassen die Firma viel eher als solche, welche sich mit dem Unternehmen identifizieren (vgl. Szebel-Habig, 2004, S. 22). Ein sehr geringes Mass an Zufriedenheit resultiert in Mitarbeiter- Frustration, welche zu „Wackelkandidaten" und „Terroristen" unter den Mitarbeitern führt (vgl. Pepels 2004, S. 55). Diese fühlen sich also überhaupt nicht emotional verbunden an ihr Unternehmen. Personalzufriedenheit hat damit zu tun, wie die Erwartungen im Vergleich zum Erlebten stehen. Dies hat schon die sozialpsychologische Interaktionstheorie (vgl. S.14) gezeigt. Es ist ein Prozess, welcher laufend eine Bestätigung der Beteiligten braucht. Dies beinhaltet sowohl freiwillige Zuwendung als auch nicht immer freiwillige Verpflichtungen (vgl. Szebel-Habig 2004, S. 34).

Auf der Soll-Seite sind auch noch die individuellen Arbeitsbedürfnisse der Arbeitnehmer, die befriedigt werden sollen. Personalzufriedenheit kann auch definiert werden als ein Zustand erfüllter Bedürfnisse. Der amerikanische Motivationspsychologe Abraham H. Maslow (1954) hat die Behauptung aufgestellt, dass Arbeitnehmer dann zufrieden sind, wenn bestimmte Stufen von Bedürfnissen erfüllt sind (vgl. Knoblauch 2004, S. 106). Zunächst muss die unterste Stufe der Pyramide (physiologische Bedürfnisse) erfüllt sein. Ist dies der Fall, wird die zweite Gruppe der Motive (die Sicherheitsbedürfnisse) relevant. Dieser Prozess setzt sich fort bis zum Bedürfnis nach Selbstverwirklichung. Die Abbildung 12 (vgl. S. 25) zeigt die Motivationspyramide nach Maslow. Auf der untersten Stufe sind die physiologischen Bedürfnisse. Zu ihnen gehören unter anderem Hunger und Schlaf. Diese Stufe wird auch als Existenzbedürfnisse bezeichnet. Danach folgt das Bedürfnis nach Sicherheit, Ordnung und Schutz. Bezüglich des Unternehmens ist es unter anderem die Sicherheit des Arbeitsplatzes. Zu den Bedürfnissen der Zugehörigkeit gehören Gruppenzugehörigkeit, sozialer Kontakt und Kommunikation. Es folgt das Bedürfnis nach Wertschätzung, also Anerkennung, Unabhängigkeit, Prestige und Macht. Zuoberst ist das Bedürfnis nach Selbstverwirklichung. Dies beinhaltet Entfaltung, Abwechslung und Leistung.

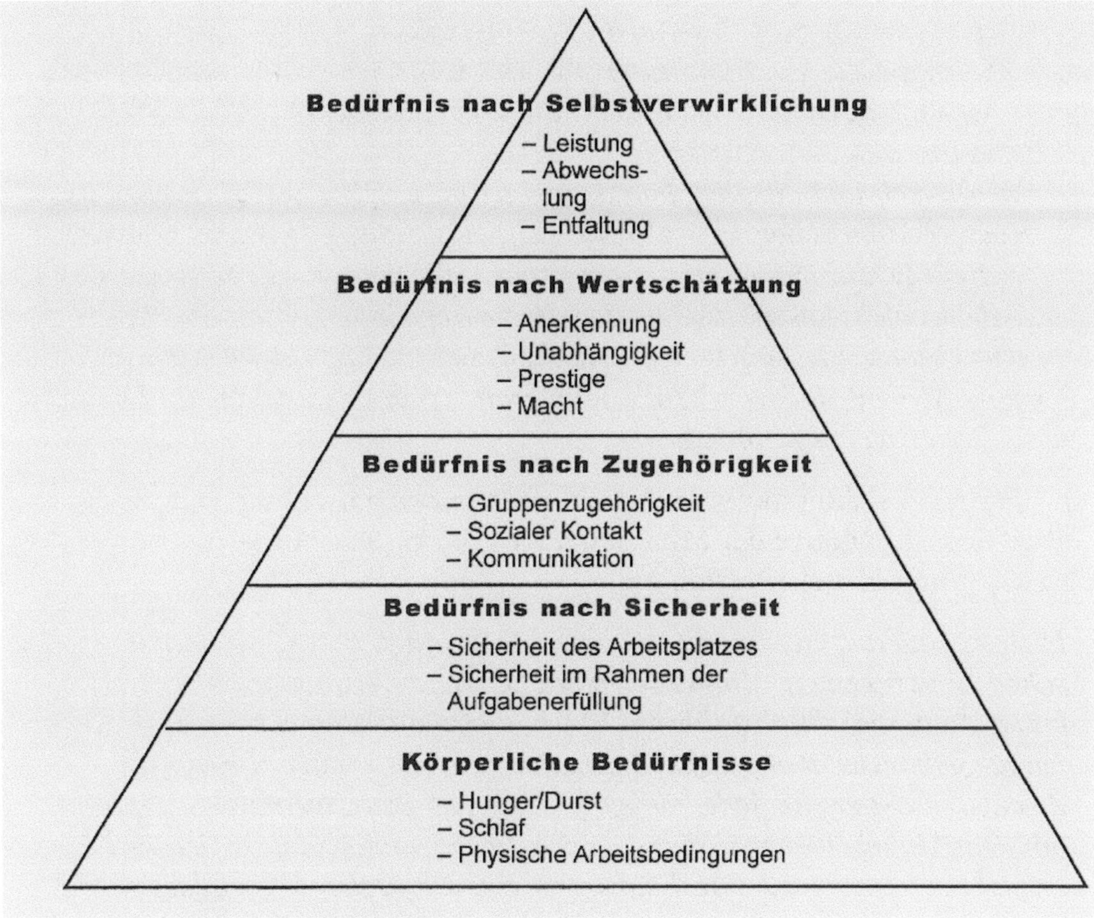

Abbildung 12 Motivationspyramide nach Maslow

Quelle: Knoblauch 2004. In: Bröckermann; Pepels 2004, S. 106

Die Abbildung 13 zeigt die Art der Bedürfnisse, die Erfüllungsmöglichkeiten durch das Unternehmen und den Vorgesetzten.

Art der Bedürfnisse	Erfüllungsmöglichkeit durch den Vorgesetzten	Erfüllungsmöglichkeit durch das Unternehmen
Bedürfnis nach Selbstverwirklichung	Arbeitszeitgestaltung Job enrichment Job enlargement Weiterbildung	Eigengestaltungsmöglichkeit der Arbeit Abwechslungsreiche, selbständige und herausfordernde Arbeit
Bedürfnis nach Wertschätzung (Anerkennung, Prestige, Wichtigkeit, Unabhängigkeit)	Statussymbole wie - Raumausstattung - Titel - PKW/Parkplatz - Sekretärin Vollmachten Aufstiegsmöglichkeiten Lohn und Gehalt/Erfolgs-Beteiligungen	Kommunikation (Lob und Kritik) Art der Kontrolle Delegation von Entscheidungsbefugnissen und Verantwortung Information
Bedürfnis nach Zugehörigkeit	Gestaltung von Teamarbeit: Problemlösungsgruppen Betriebsfeiern/-Ausflüge Informationspolitik „Abteilungen lernen Abteilungen kennen“	Prinzip der offenen Tür Information/Kommunikation
Bedürfnis nach Sicherheit	Verlängerte Kündigungsfristen, Pensionszahlungen klare Regeln und Vorschriften Wirtschaftliche Sicherheit (insbes. Information hierüber)	Klare Regeln und Vorschriften Berechenbarkeit des Verhaltens Informationen im Bereich der Abteilung, der Gruppe etc.
Physiologische Bedürfnisse	Lohn und Gehalt Sozialleistungen Kantine Arbeitsplatzgestaltung Betriebssport Ärztliche Betreuung Personalrabatt	Lohn und Gehalt

Abbildung 13 Bedürfnisse und deren Erfüllungsmöglichkeiten
Quelle: Knoblauch 2004 In: Bröckermann; Pepels 2004, S.106

Viele dieser Bedürfnisse mögen als selbstverständlich erscheinen. Jedoch kann die Nichterfüllung dieser Bedürfnisse und Bedingungen zur Unzufriedenheit beim Mitarbeiter führen (vgl. Stührenberg 2004, S. 46).

Die Abbildung 13 zeigt verschiedene Erfüllungsmöglichkeiten, welche eine Mitarbeiterzufriedenheit hervorrufen kann. Jedoch kommt es auch auf die Situation, bzw. den Umstand an, welcher Faktor einen zentralen Einfluss hat (vgl. Stührenberg 2004, S. 46; von Rosenstiel 1999b, S. 198). Um diesen Aspekt des Umstandes zu erklären, braucht es einen Abstecher in die Psychologie des Menschen. Jedes menschliche

Verhalten lässt sich auf spezifische Beweggründe und Ursachen zurückführen (vgl. Knoblauch 2004, S. 105). Diese Beweggründe, die auch Motive genannt werden, steuern unser Verhalten, wobei zu beachten ist, dass jeder Einzelne die Umwelt aus seiner Sicht wahrnimmt. Das heisst, dass derjenige, welcher zum Beispiel gerade ein Festessen hinter sich hat, seine Umwelt ganz anders wahrnimmt als jener, welcher Hunger hat. Diese Sichtweise hat vor allem dann Bedeutung, wenn es um die konkrete Gestaltung von Arbeitsanreizen im Unternehmen geht (vgl. Knoblauch 2004, S. 105). Hierzu ein Beispiel: Ein Entwickler bzw. Forscher arbeitet gerne im stillen Kämmerlein und führt interessante Forschungsarbeit durch. Daraus zieht er seine ganze Arbeitsmotivation. Es wäre total falsch, diesen Mitarbeiter durch einen innerbetrieblichen Aufstieg weiter motivieren zu wollen. Dies würde nur dann Sinn machen, wenn eine Aufstiegsmotivation vorhanden wäre (vgl. Knoblauch 2004, S. 105).

3.1.7 Fazit

Auch wenn Arbeitnehmer unzufrieden sind, stellen die sogenannten Wechselbarrieren für sie ein Hindernis dar. Die Arbeitnehmer sind gebunden an das Unternehmen. Vertrauen in den Arbeitgeber, in die Kollegen sind wichtig für die Mitarbeiterbindung. Sie legen quasi die Grundlage für verbundene Arbeitnehmer. Arbeitszufriedenheit hat einen zentralen Einfluss auf die Mitarbeiterbindung. Diese Faktoren führen zur Verbundenheit, dem Nicht-Wechseln-Wollen. Arbeitszufriedenheit hat mit Erwartung und Bedürfnissen zu tun, die befriedigt werden müssen. Diese beinhalten viele Elemente, wobei es auf die individuellen Bedürfnisse ankommt, ob sich ein Arbeitnehmer zufrieden bzw. unzufrieden fühlt.

3.2 Potentielle Massnahmen der Mitarbeiterbindung

Es stellt sich nun die Frage, mit welchem Instrument die Erwartungen und Bedürfnisse der Arbeitnehmer befriedigt werden können.

Eine gewollte Mitarbeiterbindung lässt sich mit der Gestaltung eines Anreiz-Systems erreichen (vgl. Knoblauch, 2004, S. 112; Pepels 2004, S. 52). „Anreize sind situative Bedingungen, die aufgrund einer gegebenen Bedürfnisstruktur bzw. inhaltlichen Arbeitsmotivation Aufforderungscharakter zum Vollzug einer Handlung für die Person aufweisen“ (Nollau, Etterer 2004, S. 32). Den Leistungen der Mitarbeiter müssen Anreize des Unternehmens gegenüberstehen, welche der Bedürfnisbefriedigung der

Mitarbeiter dienen. „Alles, was zur Erfüllung der Bedürfnisse des Mitarbeiters dient, stellt für ihn einen Anreiz dar“ (Knoblauch, 2004, S. 102).

Die Abbildung 14 (vgl. S. 28) zeigt einen Überblick über die verschiedenen Anreize.

EXTRINSISCHE MOTIVATION				**INTRINSISCHE MOTIVATION**
Materielle Anreize		**Immaterielle Anreize**		
finanzielle Anreize				
Direkte finanzielle Anreize	***Indirekte finanzielle Anreize***	***Soziale Anreize***	***Organisatorische Anreize***	***Anreize der Arbeit selbst***
Basisgehalt variables Gehalt Sonderprämien	berufliche Vorsorge zusätzl. Versicherung Firmenwagen Kinderbetreuung Parkplätze Baudarlehen Bildungurlaube Sabbaticals bes. Weiterbildung ...	Führungsstil Gruppen-mitgliedschaft Anerkennung Status Kommunikation Information	Arbeitszeit-system Personal-entwicklung Personaleinsatz	Ganzheitlichkeit Anforderungsvielfalt Autonomie Wesentlichkeit Lern- & Entwicklungs-möglichkeiten

Abbildung 14 Allgemeines Anreizsystem

Quelle: Bayard 1997 In: Thom, Ritz 2004, S. 306

Intrinsische Anreize sind Motive, die durch die Tätigkeit selbst befriedigt werden (vgl. Knoblauch 2004, S. 109; von Rosenstiel 2001, S. 101). Das heisst, ein Mitarbeiter macht eine Arbeit um ihrer selbst willen und gleichzeitig wirkt die Leistungserstellung belohnend. Die Arbeit selbst ist also Anreiz (vgl. Grewe 2000, S. 10). Extrinsische Anreize sind Motive, die nicht durch das Tätigsein selbst, sondern durch die Folgen der Tätigkeit befriedigt werden. Es ist ein Leistungsverhalten, das nach Belohnung oder Zielen strebt, die ausserhalb der Arbeit liegen und somit lediglich zum Zweck der Bedürfnisbefriedigung dienen (vgl. Grewe 2000, S. 10).

Immaterielle Anreize haben eine langfristige Wirkung. Sie geben dem Mitarbeiter das Gefühl, dass seine Leistung geschätzt wird, er sich verwirklichen kann und dass sein Beitrag zum Erfolg des Unternehmens honoriert wird (vgl. Albs, 2005, S. 49 f.). Aus den materiellen und/oder immateriellen Anreizen lassen sich eine Fülle denkbarer Bindungsfaktoren beziehungsweise Strategien auswählen, um eine höhere Arbeitszufriedenheit zu erreichen, oder anders ausgedrückt, die Bedürfnisse und Erwartungen der Arbeitnehmer zu befriedigen.

3.2.1 Gestaltungsfaktoren im Unternehmen

Im letzten Kapitel ist aufgezeigt worden, welche Bedürfnisse und Erwartungen ein Arbeitnehmer haben kann. Dies hat die Pyramide von Maslow gezeigt, sowie auch die verschiedenen Elemente unter den Erwartungen. In diesem Kapitel wird nun näher auf diese möglichen Erwartungen und Bedürfnisse eingegangen. Die gefundenen Faktoren werden dann mit den vorhandenen empirischen Ergebnissen verglichen. Somit werden Erkenntnisse gewonnen, welche in den Fragebogen einfliessen.

Wie das Modell der Mitarbeiterbindung gezeigt hat, führt alles, was mit Vertrauen und Arbeitszufriedenheit zu tun hat, zur Verbundenheit. Es macht Sinn, alles, was mit Zufriedenheit und Vertrauen zu tun hat, anders aufzugleisen, nämlich firmenspezifisch (vgl. Knoblauch 2004, S.114). Somit wird es aus Sicht des Unternehmens praxistauglicher. Die praxisnahe Aufteilung zeigt Abbildung 15.

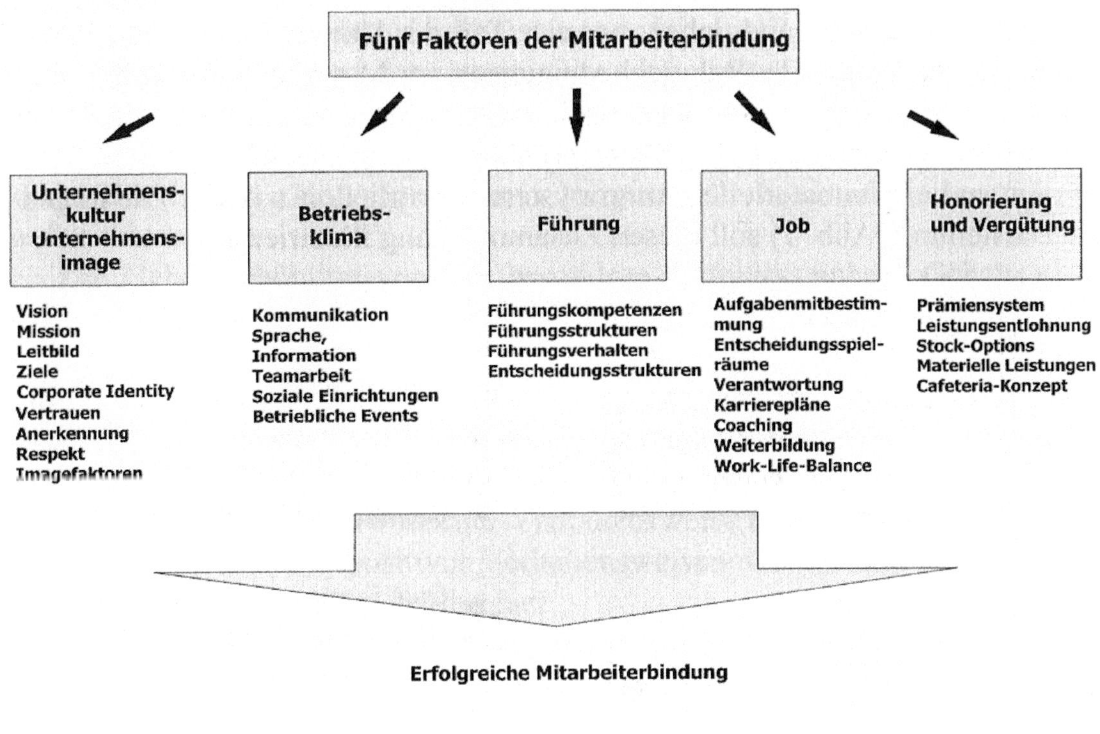

Abbildung 15 Bindungsfaktoren

Quelle: Knoblauch 2004 In: Bröckermann; Pepels 2004, S.114

Diese Aufteilung ermöglicht es, die gewonnenen Erkenntnisse in diesem Kapitel besser vergleichen zu können mit den empirischen Ergebnissen. Die Aufteilung erfolgt in die firmenspezifischen Gestaltungsfaktoren Unternehmenskultur, Betriebsklima, Führung, Job und Honorierung bzw. Vergütung. Aus diesem „Spielfeld" lassen sich nun verschiedene Strategien für die Personalbindung ableiten. Wichtig zu wissen ist, dass eine solche Strategie keine schnellen Resultate liefert (vgl. Stührenberg 2004, S. 47). Die einzelnen Elemente der verschiedenen Faktoren kann man natürlich beliebig erweitern, je nach Bedürfnissen der Arbeitnehmer.

3.2.1.1 Unternehmenskultur und Image

„Unternehmenskulturen sind Werte, Denkvorstellungen und Normen, die das Verhalten jedes Einzelnen im Unternehmen prägen" (Szebel-Habig 2004, S. 89). Die Unternehmenskultur ist eine tragende Säule von Mitarbeiterbindungsprogrammen (vgl. Knoblauch 2004, S. 114). Wichtig dabei ist das Entgegenbringen von Wertschätzung, Achtung und Respektierung sowie das den Arbeitnehmern erwiesene Vertrauen (vgl. Knoblauch 2004, S. 114). Erst „durch die Wertschätzung der Person und ihrer Leistung entwickelt das Unternehmen das Grundelement ökonomische Beziehung zur Nutzung der Human-Ressource weiter und erzeugt indirekt Bindung" (Bertrand 2004, S. 274). Mitarbeiter erleben oft einen Vertrauensbruch durch übermässig optimistische Erwartungen, welche auf eine unrealistische Zukunftsvision durch das Management zurückzuführen sind (vgl. Knoblauch 2004, S. 115 f.). Es sollte realistisch und glaubwürdig sein, um die Erwartungen der Arbeitnehmer entsprechend zu lenken. Wichtig dabei ist zu zeigen, welche Anstrengungen notwendig sind, um eine positive Zukunftsvision zu haben (vgl. Knoblauch 2004, S. 116). „Eine Vision vermittelt Orientierung und Motivation" (Szebel-Habig 2004, S. 47). Vertrauen kann zudem wachsen, wenn die Manager als Mensch bekannt werden. Manager sollten das Gespräch mit den Arbeitnehmern suchen. Dadurch werden sie für die Arbeitnehmer bekannt und berechenbar (vgl. Knoblauch 2004, S. 114). Dies zeigt ein Interesse des Managements am „Menschen". Die Organisationskultur sollte zudem rückmeldefreudig sein, nur so entsteht Bindungsmanagement (vgl. Gonschorrek 2004, S. 217). Es gehört auch dazu, dass unangenehme Wahrheiten sowie Gründe und Ursachen für wichtige Entscheidungen offen ausgesprochen werden sollten (vgl. Knoblauch 2004, S. 116). Die innerbetriebliche Kommunikation hat einen Einfluss auf die Zufriedenheit der Mitarbeiter (vgl. von Rosenstiel 2001, S. 231) und somit auf die Mitarbeiterbindung, denn Zugehörigkeitsgefühle entstehen durch einen guten Informationsfluss. Wer gut informiert ist, denkt mit, übernimmt Verantwortung und bringt Lösungsvorschläge. „Wer den Erfolg seiner Vorschläge sieht, identifiziert sich mit den Projekten und damit mit seinem Unternehmen“ (Knoblauch 2004, S. 115). Dies setzt aber voraus, dass die Geschäftsleitung die Vorschläge der Mitarbeiter ernst nimmt und auch ein Feedback gibt. „Einen weiteren grossen Einfluss auf die Mitarbeiterbindung hat das Image des Unternehmens“ (Knoblauch 2004, S. 117). Dieser Begriff stammt aus der amerikanischen Absatzforschung und deckt sich mit dem Begriff „Vorstellungsbild“ (vgl. Knoblauch 2004, S. 117). Mögliche wesentliche Bindungsfaktoren können die Branche, die Art der Produkte (interessant-uninteressant), der gute Ruf, die aktuelle Ertragslage und der Standort sein.

Die Geschäftsleitung der Firma X AG hat grossen Einfluss auf die Mitarbeiterbindung, indem sie Vertrauen aufbaut gegenüber den Arbeitnehmern. Dazu gehört ein realistisches Bild der Zukunft sowie eine offene und ehrliche Kommunikation, welche auch unangenehme Wahrheiten beinhaltet. Die Geschäftsleitung sollte sich bemühen, Ideen und Vorschläge der Arbeitnehmer ernst zu nehmen. Nur so denken sie weiterhin mit. Ein Interesse der Geschäftsleitung am „Menschen“ ist wichtig, so wie ein Entgegenbringen von Wertschätzung. Das Image ist ebenfalls wichtig mit den Faktoren „Ruf des Arbeitgebers“, aktuelle Ertragslage, Branche, Produkte (interessant-uninteressant), sowie Standort.

3.2.1.2 Betriebsklima

Beim Betriebsklima geht es vor allem um die sozialen Beziehungen untereinander. Eine zentrale Bedeutung für die Zufriedenheit der Mitarbeiter hat der Umgang miteinander (vgl. Knoblauch 2004, S. 119). „Ein gutes Betriebsklima, das die Beziehung der Mitarbeiter untereinander, wie auch das Verhältnis zu den jeweiligen Vorgesetzten reibungslos und positiv gestaltet, trägt zu einer stärkeren Verbundenheit mit dem Unternehmen bei“ (Szebel-Habig 2004, S. 93). „Beziehungen binden“ (Bertrand 2004, S. 281). Diese können vertikal wie horizontal sein, das heisst die Beziehung der Arbeitnehmer zum Vorgesetzten oder das Verhältnis der Mitarbeiter untereinander. Dies beinhaltet auch die Beziehungen innerhalb des Teams und der Arbeitsgruppen. (vgl. Knoblauch 2004, S. 119)

Es geht also um die sozialen Beziehungen zueinander, welche wichtig sind, um eine hohe Verbundenheit im Unternehmen zu haben.

3.2.1.3 Führung

„Das Führungsverhalten der Vorgesetzten ist das wichtigste Bindungsinstrument" (Bertrand 2004, S. 275). „Mit einem grosszügigen Gehalt und einer mitarbeiterorientierten Unternehmenskultur mag sich manch einer bewegen lassen, ins Unternehmen einzutreten. Doch die Frage, wie lange er bleibt und wie produktiv er in dieser Zeit ist, hängt vom unmittelbaren Vorgesetzten ab" (Buckingham, Coffman 2001, S. 31). Der Vorgesetzte hat also einen entscheidenden Einfluss. Wichtig ist, dass der Arbeitnehmer Anerkennung oder Kritik bekommt für sein Handeln. Ansonsten wird seine Leistungsbereitschaft nachlassen, und er wird kaum noch Engagement und Anstrengung bei der Arbeit zeigen (vgl. von Rosenstiel, 1999c, S. 247). Kein Lob zu bekommen für überdurchschnittliche Leistung, löst beim Arbeitnehmer Frust aus (vgl. Szebel-Habig 2004, S. 97). Periodische Mitarbeitergespräche, an welchen den Mitarbeitern gesagt wird, wo sie in ihren Leistungen stehen, sind ebenfalls wichtig (vgl. Knoblauch 2004, S. 120). Die Führungskraft soll in Funktion eines Coachs agieren und eine individuelle Entwicklung der Mitarbeiter ermöglichen. Dies wird als Investition angeschaut und somit fördert der Vorgesetzte die Mitarbeiterbindung (vgl. Meifert 2005, S. 208).

Die Vorgesetzten haben einen entscheidenden Einfluss auf die Bindung der Arbeitnehmer. Sie sollten Feedbacks geben über die Arbeit der Angestellten und Anerkennung aussprechen für gute Leistungen. In Mitarbeitergesprächen muss den Arbeitnehmern gesagt werden, welche Entwicklungsmöglichkeiten sie haben.

3.2.1.4 Job

Es ist naheliegend, dass die Arbeit selbst bei den meisten wichtig ist. Immerhin verbringt man täglich viel Zeit bei der Arbeit. Dabei ist zu beachten, dass der Vorgesetzte mit dem Arbeitnehmer messbare Ziele vereinbart, welche aus dem übergeordneten Unternehmensziel abgeleitet werden (vgl. Knoblauch 2004, S. 117). Kerngedanke ist also das Management by Objectives (MbO). Dies ermöglicht ein selbständiges Arbeiten, ohne dass der Vorgesetzte dauernd Aufgaben vorgibt. Er bekommt also einen gewissen Freiheitsgrad. Ein anderer Aspekt ist die Perspektive eines Arbeitnehmers. Individuelle Entwicklungsmöglichkeiten in Form von Karrieremodellen sind ein wichtiger Ansatzpunkt in Bezug auf Personalbindung (vgl. Thom, Friedli 2003, S. 66; Knoblauch 2004, S. 121). Rosenstiel (2001, S. 231) nennt Aufstiegschancen als Faktor der Mitarbeiterzufriedenheit, welche einen Einfluss auf die Mitarbeiterbindung hat. Wer von seinen Arbeitnehmern viel erwartet, muss auch dafür sorgen, dass sie sich beruflich und persönlich weiterentwickeln können. Es sind alle Arbeitnehmer systematisch zu fördern (vgl. Bertrand 2004, S. 278). An periodischen Mitarbeitergesprächen sollen die Entwicklungsmöglichkeiten der Arbeitnehmer kommuniziert werden (vgl. Knoblauch 2004, S. 120). Wenn es dem Unternehmen zudem gelingt, „den Ruf zu erringen, überlegene Ausbildungschancen und ein gesichertes Fortkommen zu gewähren, wird es wesentlich leichter qualifizierte, loyale Mitarbeiter anziehen“ (Marburger 2004, S. 296). Die Weiterentwicklung kann auch in Form von Job Rotation, Job Enrichment und -Enlargement geschehen, welches ebenfalls einen Anhaltspunkt zur Personalbindung darstellt (vgl. Knoblauch 2004, S. 121). Beim Job Enlargement werden dem aktuellen Aufgabenfeld qualitativ gleichwertige Aufgaben hinzugefügt. Job Enrichment beinhaltet eine vertikale Erweiterung der Arbeitsinhalte von Mitarbeitern, also auch mehr Verantwortung. Unter Job Rotation wird der Durchlauf von hierarchisch gleichwertigen Stufen verstanden, um verschiedene neue Tätigkeiten kennen zu lernen (vgl. Knoblauch 2004, S. 122). Mitarbeiter wollen auch abwechslungsreiche Tätigkeiten. Wenn der Mitarbeiter täglich mit dem „Daily Business“ zugedeckt wird, so endet dies früher oder später in der Frustration. Energie, Motivation und Freude an der Arbeit nehmen ab. Es muss also dafür gesorgt werden, dass die Mitarbeiter sich entfalten können, also einen Handlungsspielraum haben (Knoblauch 2004, S. 122). „Determinanten, die Leistung und Zufriedenheit eines Mitarbeiters bestimmen, sind Können, sein Wollen und sein Dürfen“ (Knoblauch 2004, S. 104). Dies zeigt die Abbildung 16.

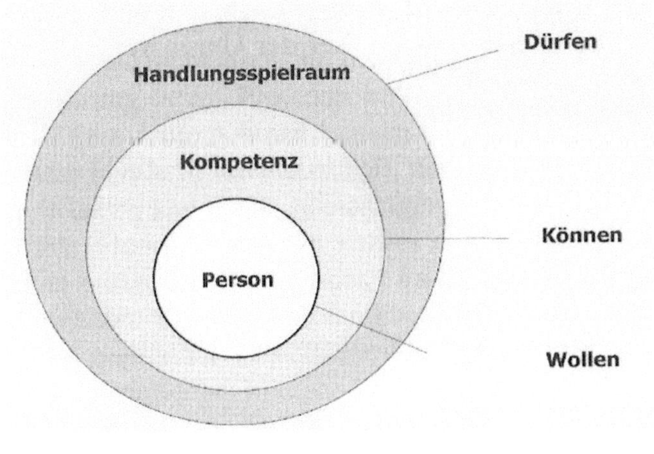

Abbildung 16 Können, Wollen, Dürfen

Quelle: Knoblauch 2004. In: Bröckermann; Pepels 2004, S. 104

Wenn eine Leistung nicht zustande kommt, so kann es unterschiedliche Hintergründe haben. Ein Grund ist, dass der Arbeitnehmer gar nicht will. Es liegt also an der Motivation. Oder es liegt daran, dass er die Leistung gar nicht erbringen kann, da er die nötige Kompetenz nicht hat. Der letzte Grund ist ein fehlender Handlungsspielraum. Er darf die Leistung gar nicht erbringen aufgrund von organisatorischen Beschränkungen (vgl. Knoblauch, 2004, S. 104).
Gute Mitarbeiter wollen anspruchsvolle Arbeit (vgl. Szebel-Habig 2004, S. 94). Der Arbeitsinhalt soll so gewählt sein, dass der Arbeitnehmer weder unter- noch überfordert ist. Dem Einzelnen sollte das Gefühl gegeben werden, dass die Arbeit von ihm jene Fähigkeiten fordert, die er hoch bewertet und zu besitzen glaubt (vgl. von Rosenstiel 1999a, S. 190). Bei der Entwicklung der Mitarbeiter ist darauf zu achten, dass sie ihrem Potential entsprechend eingesetzt und weiterentwickelt werden (vgl. Kahabaka 2004, S. 84). Die Arbeit soll also der Qualifikation des Arbeitnehmers entsprechen. Zudem kann der Arbeitgeber, der es schafft, den Job den Menschen anzupassen und nicht umgekehrt, mit einer höheren Loyalität rechnen (vgl. Szebel-Habig 2004, S. 45). „Wenn nicht der richtige Mensch am richtigen Arbeitsplatz eingesetzt wird, riskiert das Unternehmen eine erhöhte Kündigungsrate“ (vgl. von Rosenstiel 2001, S. 175). Ein weiterer wichtiger Punkt ist die Arbeitszeitgestaltung. „Unterschiedlichste Formen flexibler Arbeitszeitgestaltung können zur Personalbindung beitragen“ (Burkart, Schwaab 2004, S. 399). Ziel ist, die beruflichen, familiären und privaten Interessen mit den betrieblichen Anforderungen weitgehend in Einklang zu bringen. Wenn man lange arbeitet oder die Karriere zum Lebensinhalt wird, so „gerät man im privaten Bereich immer mehr ins Abseits“ (Bröckermann 2004, S. 24). Arbeitgeber werten die Einstellung eines Arbeitnehmers als Schwäche, wenn dieser dem Privatleben eine höhere Priorität zugesteht, da sie immer noch annehmen, dass ein Arbeitnehmer jederzeit dem Arbeitgeber zur Verfügung zu stehen hat. Deshalb geraten vor allem Führungskräfte in ein Spannungsfeld (vgl. Knoblauch 2004, S. 104). Abhilfe schafft die sogenannte Work-Life-Balance, welche unter anderem individuelle, flexible Arbeitszeitregelungen beinhaltet. Diese Arbeitszeitmodelle, welche dem Bedürfnis der Arbeitnehmer angepasst sind, haben in den vergangenen Jahren zunehmend an Bedeutung gewonnen (vgl. Knoblauch 2004, S. 123). Umfassendere Programme können auch die Bereiche der Kinderbetreuung oder Fitnessangebote beinhalten. Den Arbeitnehmern soll die Möglichkeit gegeben werden,

durch zahlreiche Arbeitszeitmodelle ihre optimale Balance zwischen Beruf und Privatleben zu finden (vgl. Bertrand 2004, S. 283).
Der Arbeitnehmer will also messbare Ziele, einen angemessenen Handlungsspielraum und Freiheitsgrad sowie eine Perspektive in Form von Karrieremöglichkeiten und Weiterbildungsmöglichkeiten. Der Job soll dem Arbeitnehmer angepasst sein und dessen Qualifikation entsprechen. Dazu kommt eine flexible Arbeitszeitgestaltung, die es dem Arbeitnehmer ermöglicht, Beruf und Privates miteinander in Einklang zu bringen.

3.2.1.5 Honorierung und Vergütung

Das „Gehalt" ist ein Zufriedenheitsfaktor (vgl. von Rosenstiel 1999a, S. 231; Gonschorrek 2004, S. 209). Obwohl Honorierung und Vergütung als Basiselement nicht ausser Acht gelassen werden dürfen, muss die Bindung der Mitarbeiter sicherlich in wirksameren Bereichen stattfinden (vgl. Knoblauch 2004, S. 112), denn Geld ist nur bedingt ein wichtiger Faktor für die Bindung der Mitarbeiter (vgl. Bertrand 2004, S. 269). Wer ständig finanzielle Sorgen hat, wird natürlich unzufrieden werden. Ob ein Arbeitnehmer zufrieden mit seinem Gehalt ist oder nicht, hängt nicht vom absoluten Betrag ab, sondern von der relativen Höhe. Dabei vergleichen die Arbeitnehmer unterschiedlich. Es werden Vergleiche bezüglich Art der Ausbildung, Dauer der Betriebszugehörigkeit, erbrachte Leistung, Familiengrösse oder auch ein Gemisch aus den verschiedenen Faktoren gemacht (vgl. Knoblauch 2004, S. 111). Eine faire Vergütung im Vergleich zu Kollegen scheint also wichtiger als die absolute Höhe des Gehalts. Geld ist nur bedingt ein entscheidender Bindungsfaktor.

3.2.2 Fazit

Zu den fünf firmenspezifischen Gestaltungsfaktoren sind die wichtigsten Elemente für eine erhöhte Mitarbeiterbindung identifiziert worden. Die Massnahmen daraus sind in folgender Abbildung 17 zu sehen:

Unternehmenskultur und Image

- Entgegenbringen von Wertschätzung, Achtung und Respekt
- Eine glaubwürdige Zukunftsvision aufzeigen sowie den Weg, sie zu erreichen
- Das Management sollte Interesse am „Menschen" zeigen
- Unangenehme Wahrheiten und wichtige Entscheidungen offen und ehrlich kommunizieren
- Zugehörigkeitsgefühle erzeugen durch guten Informationsfluss
- Vorschläge der Mitarbeiter ernst nehmen und umsetzen
- Gutes Image pflegen mit interessanten Produkten, gutem Ruf als Arbeitgeber, einer guten Ertragslage, Branche und Standort

Betriebsklima

- Vorgesetzte müssen schauen, dass sie ein gutes geschäftliches Verhältnis zu den Arbeitnehmern aufbauen
- Arbeitnehmer müssen für ein gutes, geschäftliches Verhältnis untereinander sorgen

Führung

- Der Vorgesetzte soll für gute Leistung eines Mitarbeiters Lob aussprechen
- Dem Arbeitnehmer müssen Feedbacks über die Arbeitsleistungen gegeben werden
- Vorgesetzter versteht, was mich motiviert
- Vorgesetzter agiert als Coach und entwickelt die Mitarbeiter weiter

Job

- Dem Arbeitnehmer einen Freiheitsgrad geben, damit selbständiges Arbeiten möglich ist
- Messbare Ziele vereinbaren
- Perspektive / Entwicklungsmöglichkeiten schaffen in Form von Karrieremöglichkeiten
- Ausbildungsmöglichkeiten schaffen
- Schauen, dass Mitarbeiter abwechslungsreiche Arbeit haben
- Kommunikation der Entwicklungsmöglichkeiten
- Der Mitarbeiter soll genügend Handlungsspielraum zur Entfaltung haben
- Arbeit gemäss Qualifikation, also keine Unter- und Überforderung
- Der Job soll dem Arbeitnehmer angepasst sein
- Den Arbeitnehmern eine flexible Arbeitszeitgestaltung ermöglichen

Honorierung und Vergütung

- Das Gehalt sollte fair im Vergleich zu den Arbeitskollegen sein

Abbildung 17 Mögliche Massnahmen zu den einzelnen Bindungsfaktoren

Quelle: Eigene Darstellung

3.3 Empirische Ergebnisse der Bindungsforschung

Aus der Theorie sind wichtigen Faktoren, welche die Mitarbeiterbindung erhöhen, bekannt. In diesem Kapitel werden verschiedene Ergebnisse dargestellt aus empirischen Untersuchungen. Wichtig ist nicht nur das Ergebnis, sondern auch die Ursache, welche zu diesen Ergebnissen geführt hat. Danach werden die Ergebnisse aus Theorie und Forschung zusammengeführt.

3.3.1 IFAK Arbeitsklima-Barometer Deutschland 2008

IFAK ist ein unabhängiges Markt- und Meinungsforschungsinstitut mit Sitz in Taunusstein. Das 1958 gegründete Institut mit seinen 100 Mitarbeitern gehört zu den grössten Instituten in Deutschland. Schwerpunkte der Forschung sind die Bereiche Medien, Kommunikation, Verkehr, Konsum, Gesundheit und Dienstleistungen.

Jährlich misst das Institut das sogenannte Arbeitsklima-Barometer. Es wird anhand von vier Kriterien gemessen, wie hoch die Verbundenheit der Mitarbeiter und Mitarbeiterinnen an ihren Arbeitgeber ist (vgl. IFAK 2008, S. 1). Der Grad der Bindung gibt dabei an, wie die Beschäftigten für ihr Unternehmen eintreten bzw. sich einsetzen. Dabei wird unterschieden zwischen hoher Bindung, mässiger Bindung und keiner Bindung (vgl. IFAK 2008, S. 1). Es wurden 2000 zufällig ausgewählte Erwerbstätige (Vollzeit und Teilzeit) ab 18 Jahren (ohne selbständige) in Deutschland telefonisch befragt. „Die Ergebnisse sind repräsentativ für die Arbeitnehmerschaft in Deutschland" (IFAK 2008, S. 7).

Das Ergebnis zeigt die Abbildung 18.

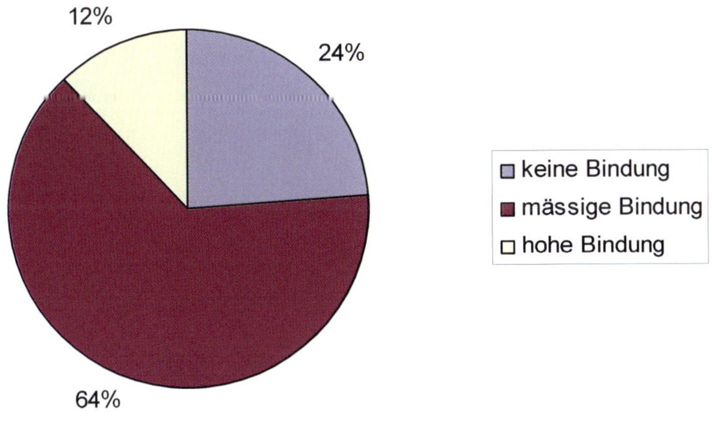

Abbildung 18 Ergebnis IFAK Arbeitsklima-Barometer 2008

Quelle: Eigene Darstellung

„Nur noch 12 Prozent der Beschäftigten fühlen sich ihrem Arbeitgeber gegenüber verpflichtet und sind mit Motivation und Engagement bei der Arbeit“ (IFAK 2008, S. 1).

Die Mehrheit der Beschäftigten (64 Prozent) macht am Arbeitsplatz das Pflichtprogramm. Der Anteil Mitarbeiter, die ihren Arbeitsvertrag innerlich schon gekündigt haben, liegt bei 24 Prozent. Jeder siebte würde seinem Chef bzw. seiner Chefin kündigen (vgl. IFAK 2008, S. 1). IFAK zeigt, dass die Verbundenheit zum Unternehmen einen geringeren Ausfall und höhere Produktivität zur Folge hat. Das zeigt Abbildung 19. Mitarbeiter mit einer hohen Bindung fehlen durchschnittlich 4,3 Tage im Jahr. Diejenigen mit einer mässigen Bindung fehlen 6,9 Tage, jene ohne Bindung 10 Tage.

Mitarbeiter/-innen mit ...	Fehltage pro Jahr
hoher Bindung	4,3 Tage
mäßiger Bindung	6,9 Tage
ohne Bindung	10,0 Tage

Abbildung 19 Fehltage pro Jahr

Quelle: IFAK Arbeitsklima-Barometer 2008 Deutschland Report, S. 5

Ferner verbringen ungebundene Mitarbeiter mehr Zeit damit, privat im Internet zu surfen, E-Mails an Freunde zu schreiben oder mit Kollegen und Kolleginnen zu tratschen. „Der Deutschen Wirtschaft entstehen durch fehlende oder nur mässig ausgeprägte Verbundenheit der Beschäftigten zu ihrem Unternehmen Kosten in Höhe von 22,4 Milliarden Euro“ (IFAK 2008, S. 5). Bezüglich Treue zeigen sich erhebliche Unterschiede, wie in der Abbildung 20 zu sehen ist. 98 Prozent der Arbeitnehmer mit einer hohen Bindung zum Unternehmen wollen in einem Jahr noch dabei sein. Bei denjenigen, welche eine mässige Bindung haben, sind es noch 74 Prozent. Rund 31 Prozent derjenigen, welche keine Bindung zum Unternehmen haben, wollen in einem Jahr nicht mehr dabei sein.

Mitarbeiter/-innen mit ...	Wollen in einem Jahr noch dabei sein	Wollen in fünf Jahren noch dabei sein	Überlegen das Unternehmen zu verlassen
hoher Bindung	98%	87%	2%
mäßiger Bindung	74%	55%	7%
ohne Bindung	31%	18%	43%

Abbildung 20 Loyalität

Quelle: IFAK Arbeitsklima-Barometer 2008 Deutschland Report, S. 4

Verbundenheit lässt sich nicht verordnen von der Geschäftsleitung; sie hat mit dem Arbeitsumfeld zu tun und ist davon abhängig, inwiefern die Bedürfnisse und Erwartungen der Arbeitnehmer erfüllt werden (vgl. IFAK 2008, S. 6). Dabei spielt der Vorgesetzte eine zentrale Rolle, da das Arbeitsumfeld in seinem Einflussbereich liegt. „Im betrieblichen Alltag zeigen sich erhebliche Defizite im Personalmanagement“ (IFAK 2008, S. 6). Arbeitnehmer erhalten zu wenig Lob und Anerkennung für gute Arbeit. Nur 5% der Ungebundenen erhalten für gute Arbeit Lob und Anerkennung, bei der Gruppe „hohe Bindung“ sind es immerhin 64%. Es fehlt zudem an Leistungsrückmeldung. Bei den Gebundenen sind es 64%, während nur 5% der Ungebundenen regelmässig eine Leistungsrückmeldung erhalten (vgl. IFAK 2008, S. 6). Von den Arbeitnehmern wissen 58% aus der Gruppe „hohe Bindung“ Bescheid über Neuigkeiten. Bei den Ungebundenen fühlen sich 7% über Neuigkeiten im Unternehmen gut informiert (vgl. IFAK 2008, S. 6). Nur 49% sind Aufgaben, Handlungsspielräume und Ziele klar. Aus der Gruppe „hohe Bindung “ haben 91% Klarheit über Aufgaben, Handlungsspielräume und Ziele, 73% fühlen sich bei der Arbeit mit einbezogen. Schliesslich sind es 8% bei den Ungebundenen (IFAK 2008, S. 6). Dabei ist zu erwähnen, dass keine signifikanten Geschlechts- oder altersspezifische Differenzen festgestellt werden konnten (vgl. IFAK 2008, S. 6).

Das „Arbeitsklima-Barometer Deutschland 2007“ unterscheidet sich nur unwesentlich von dem „Arbeitsklima-Barometer Deutschland 2008“. Es werden die gleichen Gründe genannt.

3.3.2 Gallup Engagement Index Deutschland 2008

Die Gallup-Organisation wurde 1935 gegründet. Sie ist eines der zehn weltweit renommiertesten Management Consulting Unternehmen. Das Unternehmen beschäftigt rund 2000 Mitarbeiter, welche in 40 Niederlassungen rund um den Globus tätig sind.

Gallup hat in ihrer 70-jährigen Forschungsarbeit viele Erkenntnisse über das menschliche Verhalten gewonnen. Die Organisation setzt sich vor allem mit den Themen Mitarbeiterengagement, emotionale Kundenbindung, Talentsuche sowie der Entwicklung von Mitarbeiterpotenzial auseinander. Seit 2001 erhebt Gallup jährlich die Studie zum Engagement und zur Motivation deutscher Arbeitnehmer. Basierend auf zwölf Aussagen zu Arbeitsplatz und Arbeitsumfeld werden die Befragten jeweils einer der drei Bindungsgruppen „hohe emotionale Bindung", „geringe emotionale Bindung" und „keine emotionale Bindung" zugeordnet (vgl. Gallup 2008, S. 3). Gallup versteht unter gebundenen Mitarbeitern die Bereitschaft und Selbstverpflichtung der Mitarbeiter, sich freiwillig für den Arbeitgeber und dessen Verpflichtung einzubringen (vgl. Gallup 2008, S. 1). Für die jüngste Untersuchung wurden von Ende Oktober bis Ende November 2008 knapp 2000 Arbeitnehmer in Deutschland ab 18 Jahren telefonisch interviewt (vgl. Gallup 2008, S. 2). 67% der Arbeitnehmer in Deutschland fühlen sich nur gering an ihr Unternehmen gebunden und machen Dienst nach Vorschrift, 20% haben innerlich bereits gekündigt. Lediglich 13% der Beschäftigten verspüren eine echte Verpflichtung gegenüber ihrem Unternehmen und arbeiten hoch engagiert (vgl. Gallup 2008, S. 5). Gallup erkennt vor allem Schwachstellen im Führungsverhalten (vgl. Gallup 2008, S. 18). Es bekommen nur 19% Lob und Anerkennung für gute Arbeit. 69% beanstanden, dass bei der Arbeit das Interesse an ihnen als Mensch fehlt. 81% der Mitarbeiter beklagen, dass bei ihnen die Förderung der individuellen Entwicklung auf der Strecke bleibt. 77% kritisieren, dass ihnen kein regelmässiges Feedback über persönliche Fortschritte bei der Arbeit gegeben wird. Nur 33% erklären, dass sie eine Position ausfüllen, die ihnen wirklich hundertprozentig liegt. Lediglich 28 Prozent fühlen sich bei der Arbeit miteinbezogen, weil nach ihrer Meinung und Ansicht gefragt wird (vgl. Gallup 2008, S. 18). Auch in diesem Forschungsergebnis wird auf das schwache Führungsverhalten hingewiesen. Die Abbildung 21 veranschaulicht die Antwort von zwei gestellten Fragen bezüglich des Vorgesetzten.

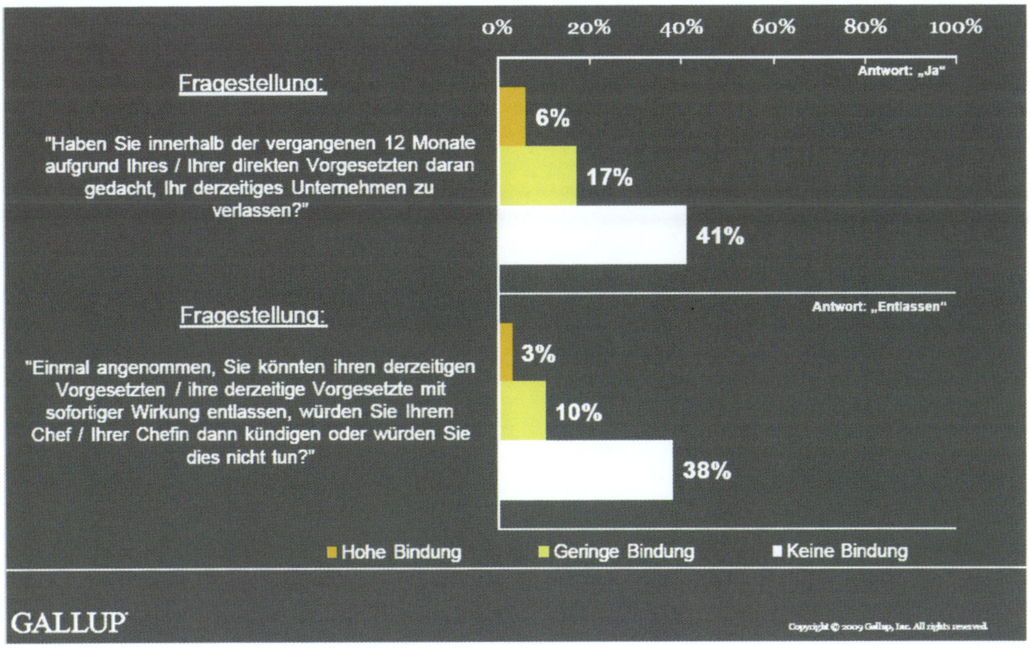

Abbildung 21 Zwei von Gallup gestellte Fragen

Quelle: Gallup Engagement Index Deutschland 2008, S. 17

Auf die Frage, ob sie innerhalb der vergangenen 12 Monate aufgrund ihres/ihrer Vorgesetzten daran gedacht haben, das derzeitige Unternehmen zu verlassen, antworten 41% der Mitarbeiter, welche keine Bindung zum Unternehmen haben, mit „Ja“. Bei denjenigen, welche eine hohe Bindung haben, sind es nur 6%. 38% der Gruppe „Keine Bindung“ würde ihren Chef sofort entlassen. Dieses Ergebnis veranschaulicht, welchen Einfluss der Vorgesetzte auf die Bindung der Mitarbeiter hat.

3.3.3 Towers Perrin 2007 Deutschland

Towers Perrin ist eine der weltweit führenden Managementberatungen. Sie beschäftigt 5000 Mitarbeiter und Mitarbeiterinnen in 26 Ländern (vgl. Towers Perrin 2007, S. 27). Bei der Global Workforce Studie vom Dezember 2007 der Managementberatung Towers Perrin wurden 3000 Mitarbeiter in Deutschland aus mittleren und grösseren Unternehmen befragt, welche zudem aus verschiedenen Branchen kamen. Die Ergebnisse der Towers Perrin Global Workforce Study basieren auf einer Online-Befragung von männlichen und weiblichen Arbeitnehmern (vgl. Towers Perrin 2007, S. 5). Die genaue Zusammensetzung ist in der Abbildung 22 zu sehen.

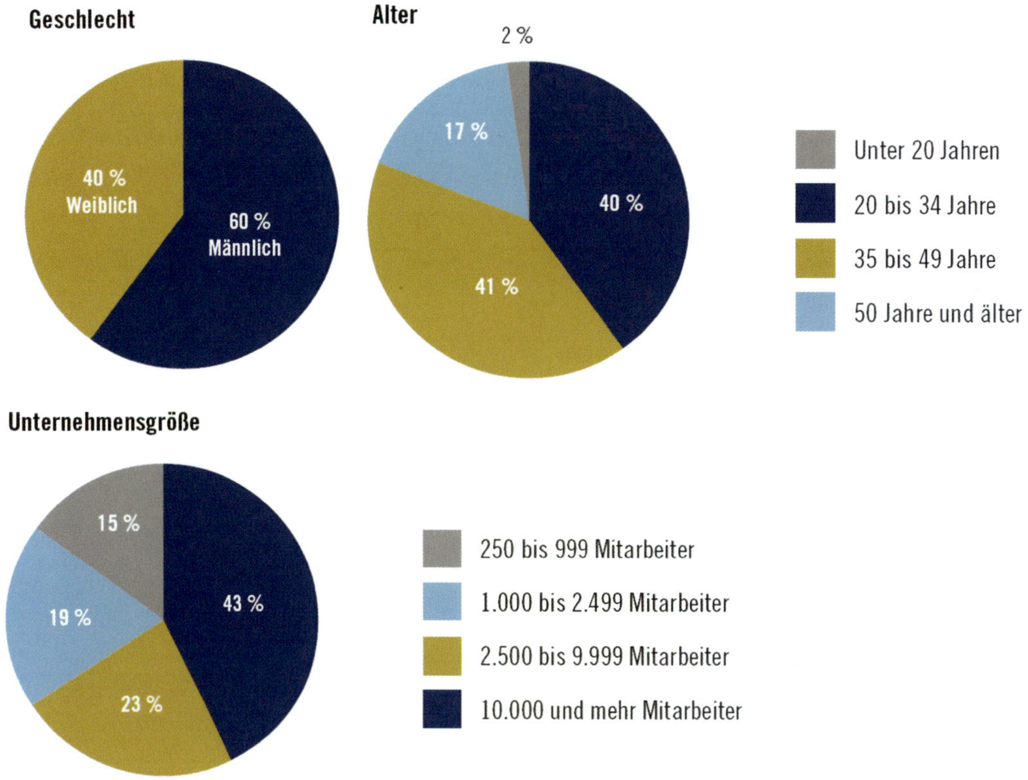

Abbildung 22 Zusammensetzung der Deutschen Studienteilnehmer

Quelle: Towers Perrin 2007, S. 24

Das theoretische Fundament der Studie setzt sich zusammen aus dem Towers Perrin-Gesamtvergütungsmodell und dem Towers Perrin Linkage Framework (vgl. Towers Perrin 2007, S. 5). Das Gesamtvergütungsmodell umfasst die Vergütung, Nebenleistungen, Lern- und Entwicklungsmöglichkeiten und das Arbeitsumfeld (vgl. Towers Perrin 2007, S. 5). Das Linkage Framework von Towers Perrin illustriert die enge Verknüpfung zwischen dem Engagement der Mitarbeiter und dem Erfolg des Unternehmens. Im Rahmen der Ergebnisse setzt Towers Perrin auf die sogenannten „Treiber". Diese stellen die Aspekte dar, die den grössten Einfluss auf das Gewinnen und Binden von Mitarbeitern haben (vgl. Towers Perrin 2007, S. 6). In der Studie werden jeweils die zehn bedeutendsten Treiber dargestellt. Die Farbcodierung weist darauf hin, auf welchen Aspekt des Gesamtvergütungsmodells sich der Treiber jeweils bezieht. Das Ergebnis zeigt die Abbildung 23.

Top-10-Treiber für Mitarbeiterbindung*	Rang
Ruf des Unternehmens als guter Arbeitgeber	1
Ausreichende Entscheidungsfreiheit	2
Faire Vergütung im Vergleich zu Kollegen	3
Innovatives Unternehmen	4
Gutes Trainingsangebot im Vergleich zu anderen Unternehmen	5
Zufriedenheit mit den Personalentscheidungen des Unternehmens	6
Positiver Einfluss von Technologie auf die Work/Life Balance	7
Klare Vision der Unternehmensleitung für langfristigen Erfolg	8
Einfluss auf Entscheidungsprozesse im eigenen Bereich	9
Zufriedenheit mit den Geschäftsentscheidungen des Unternehmens	10

* von 75 Treibern

- Vergütung
- Lern- und Entwicklungsmöglichkeiten
- Arbeitsumfeld

Abbildung 23 Die Top-10-Treiber der Mitarbeiterbindung

Quelle: Towers Perrin Global Workforce Study (Deutschland-Report) 2007, S.15

Die nichtmonetären Anreize scheinen zu überwiegen für die Mitarbeiter (gelb und grau). An erster Stelle unter den 75 verschiedenen Anreiz Faktoren liegt „der Ruf des Unternehmens als guter Arbeitgeber". Dieser Faktor spielt übrigens auch bei der Mitarbeitergewinnung eine wichtige Rolle (vgl. Towers Perrin 2007, S. 15). An zweiter Stelle steht die „ausreichende Entscheidungsfreiheit". Die Bindung der Mitarbeiter hängt auch davon ab, ob die Vergütung als fair empfunden wird (vgl. Towers Perrin 2007, S. 15). Es folgt auf dem Platz vier „Innovatives Unternehmen" sowie ein gutes Trainingsangebot im Vergleich zu anderen Unternehmen. Die Zufriedenheit mit den Personalentscheidungen des Unternehmens ist wichtig, wobei hier ein möglicher Ansatzpunkt eine durch Klarheit und Offenheit geprägte Kommunikationskultur wäre, welche viele der Befragten vermissen (vgl. Towers Perrin 2007, S. 16). Neben der Work-Life-Balance ist das Vertrauen gegenüber dem Top-Management, das Unternehmen erfolgreich in die Zukunft führen zu können, von hoher Bedeutung (vgl. Towers Perrin 2007, S. 15). Der Einfluss auf Entscheidungsprozesse im eigenen Bereich ist genau so in der „Top-10“ wie die Zufriedenheit mit den Geschäftsentscheidungen des Unternehmens. „Wie gut Vorgesetzte und Unternehmensführung ihre Führungsaufgaben aus Sicht der Mitarbeiter wahrnehmen, hat Auswirkung auf verschiedene in dieser Studie hergestellte Top-Treiber“ (Towers Perrin 2007, S. 17). Die Leistung des Top-Managements aus Sicht der Mitarbeiter zeigt Abbildung 24.

Rang	Zustimmung	Frage
Top 1	64 %	Die Unternehmensleitung meiner Organisation ergreift Maßnahmen zur Gewährleistung unseres langfristigen Erfolgs
Top 2	61 %	Die Unternehmensleitung meiner Organisation handelt im besten Interesse unserer Kunden
Top 3	53 %	Die Unternehmensleitung handelt entsprechend den Werten meiner Organisation
Flop 3	42 %	Die Unternehmensleitung meiner Organisation kommuniziert wichtige geschäftliche Entscheidungen effektiv
Flop 2	35 %	Die Unternehmensleitung meiner Organisation zeigt echtes Interesse an der Zufriedenheit und dem Wohlergehen der Mitarbeiter
Flop 1	35 %	Die Unternehmensleitung meiner Organisation kommuniziert mit den Mitarbeitern auf offene und ehrliche Weise

Abbildung 24 Das Wirken der Unternehmensleitung aus Sicht der Mitarbeiter

Quelle: Towers Perrin Global Workforce Study (Deutschland-Report) 2007, S. 17

Nur 35 Prozent glauben an ein wirkliches Interesse des Top-Managements an ihrer Zufriedenheit und ihrem Wohlergehen. Die Mitarbeiter nehmen zudem Kommunikationsdefizite wahr. Sie fühlen sich über wichtige geschäftliche Themen nur unzureichend und nicht aufrichtig informiert. Die Leistung des direkten Vorgesetzten aus Sicht der Mitarbeiter zeigt die Abbildung 25.

Rang	Zustim-mung	Frage
Top 1	61 %	Mein Vorgesetzter macht Mitarbeiter für die Erreichung ihrer Ziele verantwortlich
Top 2	60 %	Mein Vorgesetzter behandelt Mitarbeiter mit Vertrauen und Respekt
Top 3	59 %	Mein Vorgesetzter erkennt gute Arbeit an und schätzt sie
Flop 3	37 %	Mein Vorgesetzter versteht, was mich motiviert
Flop 2	37 %	Mein Vorgesetzter setzt sich mit leistungsschwachen Mitarbeitern effektiv auseinander
Flop 1	36 %	Mein Vorgesetzter bietet effektives Coaching und entwickelt gezielt Stärken der Mitarbeiter

Abbildung 25 Die Leistung des direkten Vorgesetzten aus Sicht der Mitarbeiter
Quelle: Towers Perrin Global Workforce Study (Deutschland-Report) 2007, S. 18

Als weniger gut werden die Leistungen der Vorgesetzten beurteilt, wenn es um die individuelle Berücksichtigung von Stärken und Schwächen ihrer Mitarbeiter geht (vgl. Towers Perrin 2007, S. 18). Vorgesetzte scheinen nicht zu verstehen, was ihre Mitarbeiter motiviert.

Der direkte Vorgesetzte sowie die Unternehmensleitung haben einen entscheidenden Einfluss auf die Mitarbeiterbindung.

3.3.4 Towers Perrin 2005 Deutschland

Der Aufbau der Studie war der Gleiche wie im Jahr 2007. Es haben 3200 Arbeitnehmer teilgenommen (vgl. Towers Perrin 2005, S. 1). Die Zusammensetzung zeigt die Abbildung 26 (vgl. S. 45).

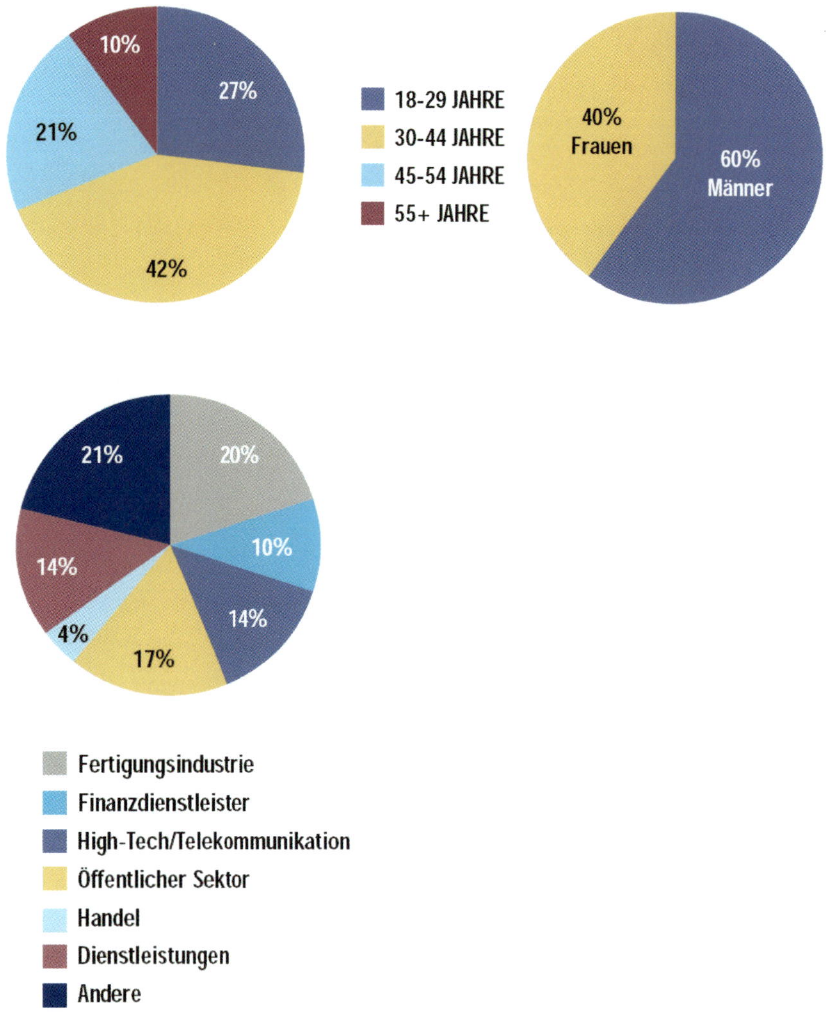

Abbildung 26 Zusammensetzung der Deutschen Studienteilnehmer

Quelle: Towers Perrin Global Workforce Study (Deutschland-Report) 2005, S. 22

Die Ergebnisse sind wieder im Gesamtvergütungsmodell eingeordnet, welches Vergütung, Nebenleistungen, Lern- und Entwicklungsmöglichkeiten und das Arbeitsumfeld umfasst.

Die Abbildung 27 zeigt die Top-Treiber (vgl. S. 46).

Abbildung 27 Die Top-Treiber der Mitarbeiterbindung (Deutschland Ranking 2005)
Quelle: Towers Perrin Global Workforce Study (Deutschland-Report) 2005, S.16

Die Lern- und Entwicklungsmöglichkeiten sowie das Arbeitsumfeld stellen die stärksten Einflussfaktoren dar (vgl. Towers Perrin 2005, S. 16). Platz eins belegt die Kommunikation von Karriereentwicklung, gefolgt von ausreichender Entscheidungsfreiheit. „Mitarbeiter bleiben, wenn sie wissen, dass sie ihre zukünftige Karriere im Unternehmen verwirklichen können“ (Towers Perrin 2005, S. 16). „Der Ruf des Unternehmens als Arbeitgeber“ ist auf Rang drei zu sehen. Auch die „Work-Life-Balance“ ist in den „Top-10“. Die Vorgesetzten spielen eine wichtige Rolle für die Mitarbeiterbindung. Sie sollen offen und zugänglich sein. Gefordert wird auch das Wissen darüber, was die Mitarbeiter motiviert.

3.3.5 Towers Perrin 2007 Schweiz

Towers Perrin hat 2007 zum ersten Mal auch in der Schweiz eine Umfrage durchgeführt (vgl. Towers Perrin Schweiz 2007, S. 2). Diese Umfrage fand unter den gleichen Bedingungen wie in Deutschland statt. Aus der Schweiz wurden 1000 Arbeitnehmer gefragt (vgl. Towers Perrin Schweiz 2007, S. 2).

Die Zusammensetzung zeigt die Abbildung 28 (vgl. S. 47).

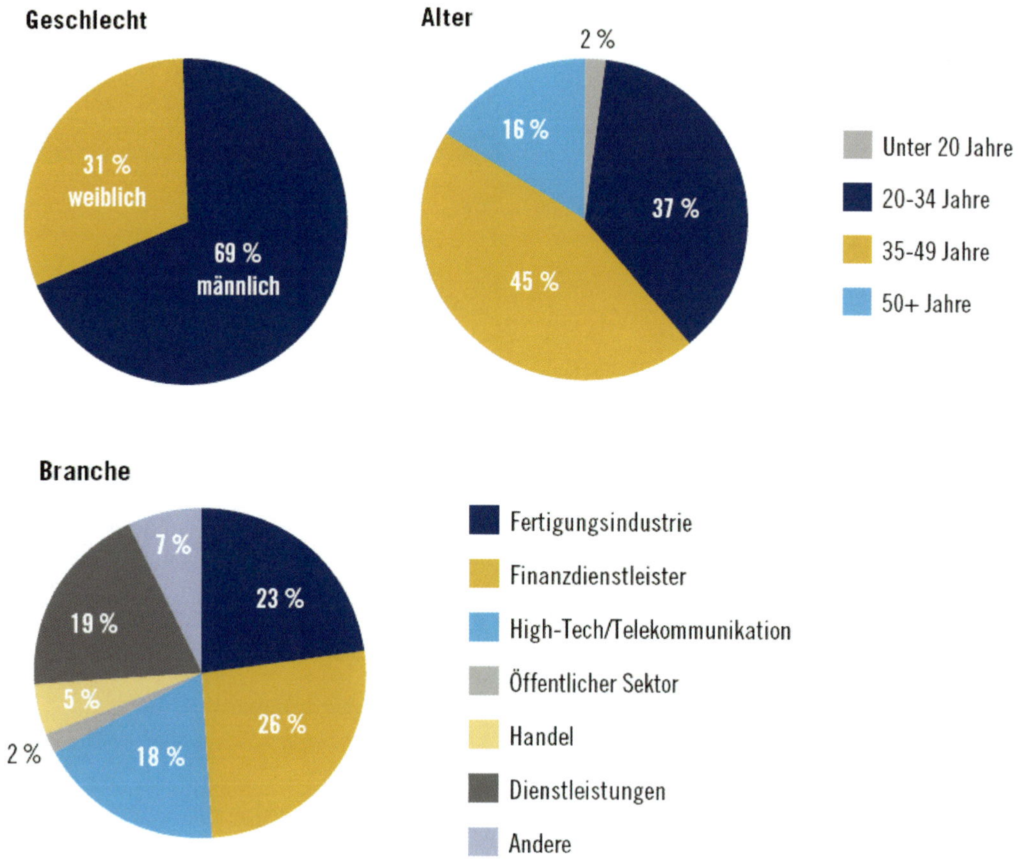

Abbildung 28 Zusammensetzung der Schweizer Studienteilnehmer

Towers Perrin Global Workforce Study (Schweiz-Report) 2007, S. 24

Die Top-10-Treiber zeigt die Abbildung 29 (vgl. S. 48).

Top-Treiber für Mitarbeiterbindung*	Rang
Zufriedenheit mit den Geschäftsentscheidungen des Unternehmens	1
Klarheit über die mögliche Karrierelaufbahn im Unternehmen	2
Gute teamübergreifende Zusammenarbeit	3
Unternehmen belohnt herausragenden Kundenservice	4
Gutes Verhältnis zum Vorgesetzten	5
Bereich hat ausreichend Mitarbeitende, um effektiv zu arbeiten	6
Wertschätzung der Mitarbeitenden seitens der Unternehmensleitung	7
Wettbewerbsfähige Vergütung (Grundgehalt)	8
Vorgesetzter bezieht Mitarbeitende in Entscheidungen, die sie selbst betreffen, ein	9

*von 75 Treibern

Vergütung
Lern- und Entwicklungsmöglichkeiten
Arbeitsumfeld

Abbildung 29 Die Top-Treiber der Bindung der Mitarbeitenden
Quelle: Towers Perrin Global Workforce Study (Schweiz-Report) 2007, S. 15

Die Bindung von Arbeitnehmern hängt sehr von der Zufriedenheit mit den Geschäftsentscheidungen und der Transparenz möglicher Karrierelaufbahn im Unternehmen ab (vgl. Towers Perrin Schweiz 2007, S. 2). Eine gute teamübergreifende Zusammenarbeit, ausreichend Mitarbeitende und ein gutes Verhältnis zum Vorgesetzten sind sehr wichtig. Das Top-Management hat Einfluss auf die Bindung, indem es den Mitarbeitenden Wertschätzung entgegenbringt.
Vorgesetzte und Unternehmensführung haben einen grossen Einfluss auf die meisten „Treiber der Mitarbeiterbindung“ (vgl. Towers Perrin Schweiz 2007, S. 17). Etwas weniger als die Hälfte haben die Führungsfähigkeiten der Vorgesetzten und Unternehmensleitung neutral oder negativ beurteilt (vgl. Towers Perrin Schweiz 2007, S. 17). Die Abbildung 30 (vgl. S. 49) zeigt die Bewertung des Wirkens der Unternehmensleitung aus Sicht der Mitarbeitenden.

Rang	Zustimmung	Frage
Top 1	68 %	Die Unternehmensleitung meiner Organisation ergreift Maßnahmen zur Gewährleistung unseres langfristigen Erfolgs
Top 2	65 %	Die Unternehmensleitung meiner Organisation handelt im besten Interesse unserer Kunden
Top 3	60 %	Die Unternehmensleitung handelt entsprechend den Werten meiner Organisation
Flop 3	51 %	Die Unternehmensleitung meiner Organisation kommuniziert wichtige geschäftliche Entscheidungen effektiv
Flop 2	47 %	Die Unternehmensleitung meiner Organisation zeigt echtes Interesse an der Zufriedenheit und dem Wohlergehen der Mitarbeitenden
Flop 1	47 %	Die Unternehmensleitung meiner Organisation kommuniziert mit den Mitarbeitenden auf offene und ehrliche Weise

Abbildung 30 Unternehmensleitung aus Sicht der Mitarbeitenden

Quelle: Towers Perrin Global Workforce Study (Schweiz-Report) 2007, S. 18

Aus Sicht der Mitarbeiter wird ein Kommunikationsdefizit wahrgenommen. Sie fühlen sich unzureichend und nicht aufrichtig informiert (vgl. Towers Perrin Schweiz 2007, S. 18). Unternehmen können sich in der Schweiz auf loyale Mitarbeiter stützen (vgl. Towers Perrin Schweiz 2007, S. 2). Bei 39% der Mitarbeitenden besteht keine Wechselbereitschaft. Das Ergebnis zeigt Abbildung 31.

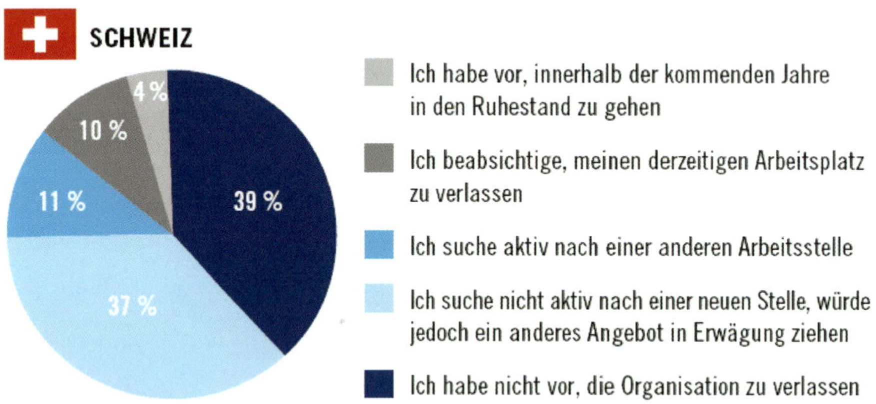

Abbildung 31 Wechselabsicht der Mitarbeitenden in der Schweiz

Quelle: Towers Perrin Global Workforce Study (Schweiz-Report) 2007, S. 14

Obwohl das Ergebnis als beruhigend wirken mag, gibt es keinen Grund für Schweizer Unternehmen, sich zurückzulehnen. Es erweisen sich nämlich 48% als wechselwillig. Sie sind entweder aktiv auf der Suche nach einer neuen Stelle oder würden ein anderes Angebot in Erwägung ziehen (vgl. Towers Perrin Schweiz 2007, S.14).

3.3.6 Empirische Untersuchung der IOP 2003

„Das Institut für Organisation und Personal (IOP) ist ein wissenschaftlich unabhängiges Institut der Universität Bern, das sowohl national als auch international ausgerichtet ist. Schwerpunkte bilden die Fachgebiete Organisation und Personal als wichtige Komponenten der Unternehmensführung. Geleitet wird das Institut durch Prof. Dr. Dr. h. c. mult. Norbert Thom. Das IOP fördert das europäische und globale Denken“ (IOP 2009).

Das Institut für Organisation und Personal der Universität Bern untersuchte 2003 in einer empirischen Untersuchung die entscheidenden Bindungskriterien für sogenannte High Potentials (vgl. Thom, Friedli 2003, S. 64 ff.). In dieser Studie der IOP wurden 535 High Potentials in zwei Unternehmen befragt. Unternehmen A ist in der Chemiebranche tätig und beim Unternehmen B handelt es sich um ein grosses Schweizer Finanzdienstleistungsinstitut (vgl. io new management 2008). Als wichtiger Faktor wird der Arbeitsinhalt angegeben. Die Kompetenz zur Ausführung der Arbeit sowie genügend Handlungsspielraum sollen vorhanden sein (vgl. Thom, Friedli 2003, S. 64 ff.). Die Tätigkeit soll abwechslungsreich, sinnvoll und der eigenen Qualifikation entsprechend sein. Ein individuell abgestimmtes Karrieresystem ist ebenfalls wichtig, sowie ein gutes Verhältnis zu Kollegen und Vorgesetzten (vgl. Thom, Friedli 2003, S. 64 ff.).

3.3.7 Zusammenfassung der empirischen Ergebnisse

Die gewonnenen Erkenntnisse werden zusammengefasst und ebenfalls in die fünf firmenspezifischen Gestaltungsfaktoren unterteilt. Somit lassen sich in einem weiteren Schritt die Ergebnisse aus Theorie und Forschung besser vergleichen.

In der Abbildung 32 ist zu sehen, was den Arbeitnehmern wichtig ist bezüglich Mitarbeiterbindung.

Unternehmenskultur und Image

- Entgegenbringen von Wertschätzung durch das Top-Management
- Interesse des Top-Managements an der Zufriedenheit und dem Wohlergehen der Mitarbeiter
- Innovatives Unternehmen
- Klare, ehrliche und offene Kommunikationskultur durch die Geschäftsleitung
- Arbeitnehmer gut informieren bezüglich Neuigkeiten
- guter Ruf als Arbeitgeber
- Zufriedenheit mit den Geschäftsentscheidungen
- Das Vertrauen gegenüber dem Top-Management, das Unternehmen erfolgreich in die Zukunft führen zu können

Betriebsklima

- Gutes geschäftliches Verhältnis zum Vorgesetzten
- Gute, teamübergreifende Zusammenarbeit
- Gutes geschäftliches Verhältnis zu Kollegen

Führung

- Dem Arbeitnehmer müssen Feedbacks über die Arbeitsleistungen gegeben werden
- Vorgesetzter versteht, was mich motiviert
- Vorgesetzter ist offen und zugänglich
- Mein Vorgesetzter entwickelt gezielt meine Stärken
- Vorgesetzter bezieht Mitarbeitende in Entscheidungen, die sie selbst betreffen, mit ein
- Den Arbeitnehmer mit einbeziehen bei der Arbeit, weil nach seinen Ansichten gefragt wird
- Der Vorgesetzte soll für gute Leistung eines Mitarbeiters Lob und Anerkennung aussprechen

Job

- Ausreichende Entscheidungsfreiheit
- Bereich hat ausreichend Mitarbeitende, um effektiv zu arbeiten
- Den Arbeitnehmer mit einbeziehen bei der Arbeit, weil nach seinen Ansichten gefragt wird
- Einfluss auf die Entscheidungsprozesse im eigenen Bereich
- Förderung der individuellen Entwicklung
- Transparenz / Kommunikation von Karrieremöglichkeiten
- Gutes Trainingsangebot im Vergleich zu anderen Unternehmen
- abwechslungsreiche Arbeit
- Kommunikation der Entwicklungsmöglichkeiten

- Dem Arbeitnehmer Klarheit über die Handlungsspielräume, Aufgaben und Ziele geben
- Genügend Kompetenz zur Ausführung der Arbeit
- Arbeit gemäss Qualifikation
- Der Job soll dem Arbeitnehmer hundertprozentig liegen
- Work-Life-Balance

Honorierung und Vergütung

- Eine faire Vergütung (Grundgehalt)
- Angemessene Nebenleistung
- Gesundheitsvorsorge

Abbildung 32 Zusammenfassung der empirischen Ergebnisse
Quelle: Eigene Darstellung

Es fällt auf, dass der Vorgesetzte einen massiven Einfluss hat in Bezug auf die Mitarbeiterbindung. Er hat nicht nur Einfluss auf die unter „Führung" aufgelisteten Elemente, sondern meistens auch auf die Perspektive eines Mitarbeiters, sprich Karriere-chancen, Weiterbildung und Förderung des Wissens.
Das Gehalt ist weiterhin nicht zu vernachlässigen. Der Handlungsspielraum und die Klarheit über die Aufgaben scheinen besonders wichtig zu sein, ebenso der Arbeitsinhalt. Die Work-Life-Balance wurde auch mehrmals erwähnt.

3.4 Vergleich der Ergebnisse aus Forschung und Theorie

Es werden nun die gewonnenen Ergebnisse aus der Theorie verglichen mit denjenigen der empirischen Untersuchungen. Die Erkenntnisse daraus werden dann in den Fragebogen einfliessen. Es werden die Elemente aus den Ergebnissen der Forschung und Theorie als Massnahmen aufgelistet. Dabei werden in „grün" diejenigen Elemente dargestellt, welche sich in der Theorie als wichtig herausgestellt haben und gleichzeitig in den Ergebnissen der Forschung vorhanden waren. Das Ergebnis zeigt die Abbildung 33.

Unternehmenskultur und Image

- Entgegenbringen von Wertschätzung durch die Unternehmensleitung
- Interesse des Top-Managements an der Zufriedenheit und dem Wohlergehen der Mitarbeiter
- Innovatives Unternehmen
- Klare, ehrliche und offene Kommunikationskultur durch die Geschäftsleitung
- Arbeitnehmer gut Informieren bezüglich Neuigkeiten
- Vorschläge der Mitarbeiter ernst nehmen und umsetzen
- Gutes Image pflegen mit interessanten Produkten, guter Ruf als Arbeitgeber, gute Ertragslage, Branche und Standort
- Zufriedenheit mit den Geschäftsentscheidungen
- das Vertrauen gegenüber dem Top-Management, das Unternehmen erfolgreich in die Zukunft führen zu können

Betriebsklima

- Gutes geschäftliches Verhältnis zu Kollegen
- Gutes geschäftliches Verhältnis zum Vorgesetzten

Führung

- Der Vorgesetzte soll für gute Leistung eines Mitarbeiters Lob und Anerkennung aussprechen
- Dem Arbeitnehmer müssen Feedbacks über die Arbeitsleistungen gegeben werden
- Vorgesetzter versteht, was mich motiviert
- Vorgesetzter bezieht Mitarbeitende in Entscheidungen, die sie selbst betreffen, mit ein
- Den Arbeitnehmer mit einbeziehen bei der Arbeit, weil nach seinen Ansichten gefragt wird

Job

- Ausreichende Entscheidungsfreiheit
- Messbare Ziele vereinbaren
- Einfluss auf die Entscheidungsprozesse im eigenen Bereich
- Förderung der individuellen Entwicklung
- Kommunikation von Karrieremöglichkeiten
- Gutes Trainingsangebot im Vergleich zu anderen Unternehmen
- abwechslungsreiche Arbeit
- Kommunikation der Entwicklungsmöglichkeiten
- Dem Arbeitnehmer Klarheit über die Handlungsspielräume, Aufgaben und Ziele geben
- Arbeit gemäss Qualifikation
- Der Job soll dem Arbeitnehmer hundertprozentig liegen
- Work-Life-Balance

Honorierung und Vergütung
- Eine faire Vergütung (Grundgehalt) im Vergleich zu den Arbeitskollegen schaffen
- Angemessene Nebenleistung
- Gesundheitsvorsorge

Abbildung 33 Ergebnis aus vorhandenen empirischen Ergebnissen und Theorie

Quelle: Eigene Darstellung

3.5 Zwischenfazit

Aus den verschiedenen Theorien (Ökologie und Verhaltenswissenschaften/ Psychologie) konnten die Bestimmungsfaktoren für die Mitarbeiterbindung bestimmt werden, welche zusammenfassend in einem Modell dargestellt sind. Zur besseren Vergleichbarkeit aus Theorie und Forschungsergebnissen ist das Modell firmenspezifisch in die fünf Gestaltungsfaktoren „Unternehmenskultur und Image", „Betriebsklima", „Führung", „Job" und „Honorierung und Vergütung" aufgeteilt worden. Die Literatur brachte verschiedene Erkenntnisse über mögliche Massnahmen, um eine höhere Mitarbeiterbindung zu erreichen. Diese Erkenntnisse sind zu einem grossen Teil deckungsgleich mit den empirischen Ergebnissen, aus denen ersichtlich ist, welch grossen Einfluss der direkte Vorgesetzte und das Top-Management auf die einzelnen „Treiber" der Mitarbeiterbindung haben. Die gewonnenen Erkenntnisse werden im folgenden Fragebogen zusammengeführt. Dieser soll Aufschluss darüber geben, was das Unternehmen X AG tun kann, um eine höhere Mitarbeiterbindung zu erreichen.

4 Methodologie

Ziel der Untersuchung ist es, ein „Bild“ zu erhalten, wo das Unternehmen X AG Nachholbedarf hat in Bezug auf Mitarbeiterbindung. Es wird eine schriftliche (quantitative) Umfrage bei den Mitarbeitern geben mit geschlossenen Fragen. Die Umfrage wird mit dem Tool Questfox durchgeführt. Questfox ist eine der innovativsten Webanwendungen für Online-Erhebungen und zur Entscheidungsunterstützung. Questfox ermöglicht es, online die Fragen zu platzieren. Die Einladungen für die Teilnehmenden können und werden ebenfalls direkt über das Programm gesendet. Es werden sämtliche Arbeitnehmer des Unternehmens befragt. Die Auswertung der einzelnen Fragen wird von Questfox professionell durchgeführt. Das Ergebnis der einzelnen Fragen wird als Durchschnitt über die ganze Belegschaft dargestellt. Es werden sogenannte „Benchmark-Kriterien“ gesetzt, um verschiedene Gruppen miteinander vergleichen zu können.

4.1 Theorie zum Fragebogen

„Ask a question – and you'll get an answer” (Coltart 1991, S. 447). Wörtlich übersetzt heisst das: “Stellen Sie eine Frage – und Sie werden eine Antwort erhalten”. Dies könnte man aber in diesem Kontext auch folgendermassen übersetzen: „Stellen Sie irgendeine Frage – und Sie werden schon irgendwie eine Art von Antwort erhalten“ (Porst 2008, S. 11). Dies lässt schon darauf schliessen, dass die Entwicklung eines Fragebogens nicht einfach ist. „Even after years of experience, no expert can write a perfect questionnaire“ (Sudman, Bradburn 1982, S. 283). Zunächst ist wichtig, dass der Fragebogen das Verbindungsstück zwischen Theorie und Analyse darstellt (vgl. Porst 2008, S. 14).

Entscheidend ist, dass die Fragen eines Fragebogens explizit mit den theoretischen Konzepten in Zusammenhang gebracht werden müssen. Es ist zudem auf die qualitative und quantitative Übereinstimmung mit dem Forschungsziel zu achten. Unter quantitativer Übereinstimmung des Fragebogens mit dem Forschungsziel wird die vollständige, unter qualitativer Übereinstimmung die inhaltlich angemessene Operationalisierung aller Variablen verstanden. Im Fragebogen müssen zudem alle theoretischen Begriffe abgebildet sein. Die Frageformulierung sowie die Antwortkategorien und die Art der Frage müssen geeignet sein, die angezielten Informationen zuverlässig und gültig zu erfassen. (vgl. Porst 2008, S. 15)

4.1.1 Arten von Fragen

Es wird nach offenen, halboffenen und geschlossenen Fragen unterschieden (vgl. Porst 2008, S. 34). Bei den geschlossenen Fragen gibt es eine begrenzte und definierte Anzahl Antwortkategorien, wobei unterschieden wird zwischen einer zulässigen Antwort (Einfachnennung) und mehreren zulässigen Antworten (Mehrfachnennung) (vgl. Porst 2008, S. 51). Bei offenen Fragen gibt es keine Antwortkategorie. Die Befragungsperson antwortet mit eigenen Worten. Bei halboffenen Fragen wird an geschlossene Fragen noch eine zusätzliche offene Frage angehängt.

4.1.2 Titelseite

Ein attraktives Titelbild dient dazu, die Aufmerksamkeit der Befragungspersonen zu wecken. Auf der Titelseite des Fragebogens soll ein Titel gewählt werden, welcher möglichst verständlich und informativ ist. Ein Bild auf der Titelseite, welches zum Thema passt, bewährt sich bestens (vgl. Porst 2008, S. 34).

4.1.3 Hinweise zum Ausfüllen des Fragebogens

Um den Befragungspersonen ihre Aufgabe zu verdeutlichen, braucht es Hinweise, welche nach der Titelseite platziert werden (vgl. Porst 2008, S. 34).

4.1.4 Skala

Es wird oft diskutiert über die „richtige“ Skala. Die „richtige Skala“ gibt es nicht (vgl. Porst 2008, S. 76). Man unterscheidet zwischen verbalisierter und endpunktbenannter Skala. Bei der endpunktbenannten Skala wird auf die Verbalisierung jedes einzelnen Skalenpunktes verzichtet und es werden nur die extremen Skalenpunkte benannt (vgl. Porst 2008, S. 77). Bei der „verbalisierten Skala“ wird jede Antwortmöglichkeit benannt, wie zum Beispiel „sehr wichtig“, „wichtig“, „weniger wichtig „und „unwichtig“. Die verbalisierte Skala hat den Vorteil, dass sie der Befragungsperson genau vorgibt, was unter den unterschiedlichen Skalenpunkten oder Kästchen zu verstehen ist (vgl. Porst 2008, S. 78). Nachteil ist die Formulierung jedes einzelnen Skalenpunktes. Wäre noch zu klären, ob es eine ungerade oder gerade Skala sein soll. Verstanden wird darunter die Anzahl anzukreuzender Kästchen pro Frage. Bringt man eine ungerade Skala, so besteht die Gefahr, dass diese vermehrt als „Fluchtkategorie“ genutzt wird, weil die befragten Mitarbeiter sich entweder nicht für die eine oder andere Seite der Skala entscheiden wollen oder können (vgl. Porst 2008, S. 77). Die Entscheidung für die Mittelkategorie könnte auch nichts anderes als der Versuch sein, zur nächsten Frage zu gelangen, ohne wirklich eine Meinung abgeben zu müssen. Es versteht sich von selbst, dass bei einer geraden Skala den Mitarbeitern die Wahl für die mittlere Position genommen wird, obwohl vielleicht vom Inhalt her dies gerade wichtig gewesen wäre. Man macht, egal welchen Skalentyp man nimmt, so oder so einen Fehler (vgl. Porst 2008, S. 82). Die Skalabreite (Anzahl Kästchen pro Frage) ist noch ein Thema. Wird die Skala zu breit gemacht, wird dies schnell zu einer intellektuellen Überforderung. Macht man die Skala zu eng, so trifft dies bei Befragungspersonen oft auf Widerwillen, weil sie nicht genug breit sind, um eine Aussage hinreichend differenziert bewerten zu können. Eine endpunktbenannte Skala sollte nicht weniger als 5 Skalenpunkte aufweisen. (vgl. Prost 2008, S. 85)

4.2 Aufbau des Fragebogens für die Erhebung

4.2.1 Struktur

Es werden geschlossene Fragen gestellt. Es wird eine „verbalisierte" Skala geben, damit jeder genau versteht, welche Antwort er wählt. Die Befragten sollen die Möglichkeit haben, die „Mitte" zu wählen. Deshalb wird eine ungerade Skalierung gewählt mit einer Skalenbreite von fünf. Die Abbildung 34 zeigt die Struktur der Antworten.

Abbildung 34 Struktur der Antworten

Quelle: Eigene Darstellung

Diese Skalenstruktur wird den folgenden Fragen bzw. Aussagen zugeordnet.

4.2.2 Die einzelnen Fragen

Es wird Stellung genommen zu den einzelnen Fragen bzw. Aussagen. Dabei sind die Aussagen unterteilt in die einzelnen, schon bekannten Faktoren. Im Fragebogen werden diese Aussagen nicht unterteilt, sondern in beliebiger Reihenfolge gestellt. Die Aussagen zur Unternehmenskultur und Image zeigt die Abbildung 35 (vgl. S. 58).

Mit den Geschäftsentscheidungen des Unternehmens bin ich zufrieden
Die Geschäftsleitung kommuniziert klar, offen und ehrlich
Über wichtige Neuigkeiten im Unternehmen bin ich gut informiert
Die Firma hat einen guten Ruf als Arbeitgeber
Ich habe Vertrauen, dass das Top-Management das Unternehmen erfolgreich in die Zukunft führen wird
Die Geschäftsleitung bringt den Arbeitnehmern Wertschätzung entgegen
Die Geschäftsleitung zeigt echtes Interesse an der Zufriedenheit und dem Wohlergehen der Mitarbeiter

Abbildung 35 Fragen zur Unternehmenskultur und dem Image

Arbeitnehmer müssen mit den Geschäftsentscheidungen zufrieden sein. In der Towers Perrin Global Workforce Study (Schweiz-Report) 2007 (vgl. S. 48) ist dieser Treiber an erster Stelle. Die innerbetriebliche Kommunikation hat einen Einfluss auf die Zufriedenheit der Mitarbeiter (vgl. S. 30). Dabei ist eine klare, offene und ehrliche Kommunikation wichtig. Des Weiteren wird überprüft, ob die Arbeitnehmer über wichtige Neuigkeiten im Unternehmen informiert sind. Der Ruf der Firma ist wichtig aus Sicht der Arbeitnehmer. Niemand will für eine Firma arbeiten, welche keinen guten Ruf in der Öffentlichkeit besitzt. Mit dieser Aussage wird sich zeigen, wie die Arbeitnehmer diesen Ruf wahrnehmen. Arbeitnehmer müssen Vertrauen haben, dass das Unternehmen Erfolg haben wird. Deshalb soll hier herausgefunden werden, ob dieses Vertrauen gegenüber dem Top-Management gegeben ist. Es folgt eine Aussage über die Wertschätzung und das Interesse der Geschäftsleitung an der Zufriedenheit und dem Wohlergehen der Mitarbeiter.
Diese zwei Aussagen sind sehr wichtig, da sie den Grundstein legen für eine Beziehung bzw. Bindung.

Es folgen die Fragen über das Betriebsklima (siehe Abbildung 36). Hier ist vor allem das Verhältnis zum Vorgesetzten und den Arbeitskollegen wichtig.

Ich habe ein gutes geschäftliches Verhältnis zu meinen Arbeitskollegen
Ich habe ein gutes geschäftliches Verhältnis zum Vorgesetzten

Abbildung 36 Fragen zum Betriebsklima

Bezüglich der Führung der Mitarbeiter haben sich vor allem die Elemente der in Abbildung 37 enthaltenen Fragen als wichtig herausgestellt. Ein Arbeitnehmer soll regelmässig Lob, Anerkennung und Feedback über die Arbeitsleistung erhalten.
Die dritte Aussage soll feststellen, ob der Vorgesetzte weiss, was seine Unterstellten motiviert. Zudem wird festgestellt, ob der Vorgesetzte offen und zugänglich ist.

Ich erhalte für gute Arbeit regelmässig Lob und Anerkennung von meinem Vorgesetzten
Ich bekomme regelmässig Feedback über meine Arbeitsleistung
Mein Vorgesetzter versteht, was mich motiviert
Mein Vorgesetzter ist offen und zugänglich

Abbildung 37 Fragen zur Führung

Es folgen eine Reihe von Aussagen, welche sich auf den Job selber beziehen (siehe Abbildung 38). Alle wichtigen „Treiber“ sind in den Fragen enthalten. Dabei wird die Work-Life-Balance hinterfragt sowie die Perspektiven und Weiterbildungsmöglichkeiten. Es wird nach der Klarheit über die Aufgaben und Ziele gefragt und nach der vorhandenen Kompetenz zur Ausführung der Arbeit. Die Aussage drei spricht auf das Unter- bzw. Überfordert-Sein an. Die Arbeit soll der Qualifikation der Arbeitnehmer entsprechen.

Ich habe Klarheit über meine Aufgaben, Ziele und Handlungsspielraum
Im letzten Jahr hat jemand mit mir über meine Karrieremöglichkeiten gesprochen
Meine Arbeit entspricht meiner Qualifikation
Unser Arbeitszeitmodell ermöglicht es mir, Beruf und Privates gut in Einklang zu bringen
Ich habe ausreichende Entscheidungsfreiheit bei der Arbeit
Das Unternehmen bietet gute Weiterbildungs- und Trainingsmöglichkeiten im Vergleich mit anderen Unternehmen
Ich habe genügend Kompetenz und Handlungsspielraum zur Ausführung der Arbeit
Meine Arbeit ist abwechslungsreich
Ich werde in meiner individuellen Entwicklung gefördert

Abbildung 38 Fragen zum Job

Die Abbildung 39 zeigt die Aussage zu „Honorierung und Vergütung“. Diese Aussage müsste korrekterweise heissen: „Die Vergütung (Grundgehalt) empfinde ich als fair im Vergleich zu den Kollegen“. Da die Arbeitnehmer der Firma X AG untereinander nicht über ihren Lohn reden dürfen, wird der „Vergleich zu Kollegen“ weggelassen.

Die Vergütung (Grundgehalt) empfinde ich als fair

Abbildung 39 Fragen zur Honorierung und Vergütung

Der gesamte Fragebogen ist im Anhang zu finden.

5 Situation der Firma X AG

5.1 Firmenportrait

Schweiz

Die X AG in der Schweiz wurde 1976 gegründet und war die erste europäische Niederlassung. Heute (Stand Arbeit) beschäftigt die Firma 160 Mitarbeiter. Der Hauptsitz ist im Kanton Zürich. Da die Firma als X AG deklariert ist, können an dieser Stelle keine weiteren Angaben gemacht werden.

5.2 Personalbereich der Mitarbeiterbindung

Bezüglich Mitarbeiterbindung hat sich das Unternehmen noch keine Gedanken gemacht, welche Zielgruppe man binden will. Wie eingangs der Arbeit unter dem Kapitel „Neue Funktion des HRM" wird man sich vor dieser Frage nicht mehr drücken können. Für diese Untersuchung werden alle Arbeitnehmer befragt. Ausgenommen dabei sind das Management und das HRM. Die Abbildung 40 zeigt die Aufbauorganisation der Firma X AG.

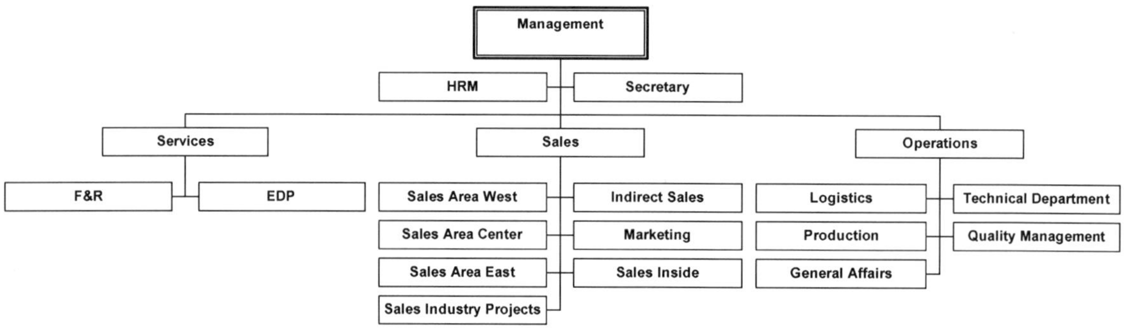

Abbildung 40 Aufbauorganisation des Unternehmen X AG
Quelle: Eigene Darstellung

Da das Unternehmen ein Handelsunternehmen ist, werden hauptsächlich Verkäufer befragt und deren Vorgesetzte, also der ganze Sales-Bereich. Aber auch der Innendienst, sprich das „Technical Department", „Quality Management", „Logistics", „Production", „Marketing" und „Services". Insgesamt also 160 Mitarbeiter.

6 Ansatzpunkte zur Mitarbeiterbindung

6.1 Ergebnisse der Umfrage

Die Beteiligung am Fragebogen ist in Abbildung 41 zu sehen. Von den 74 Teilnehmern haben 7 eine Leaderfunktion, 67 haben keine Leaderfunktion.

Abbildung 41 Beteiligung nach Funktion

Quelle: Questfox

Die Abbildung 42 zeigt die Beteiligung anhand des Alters. Dabei sind 16 unter 30 Jahre alt, 38 Beteiligte zwischen 30 und 40 Jahre, 14 zwischen 40 und 50 Jahre und 6 mehr als 50 Jahre alt.

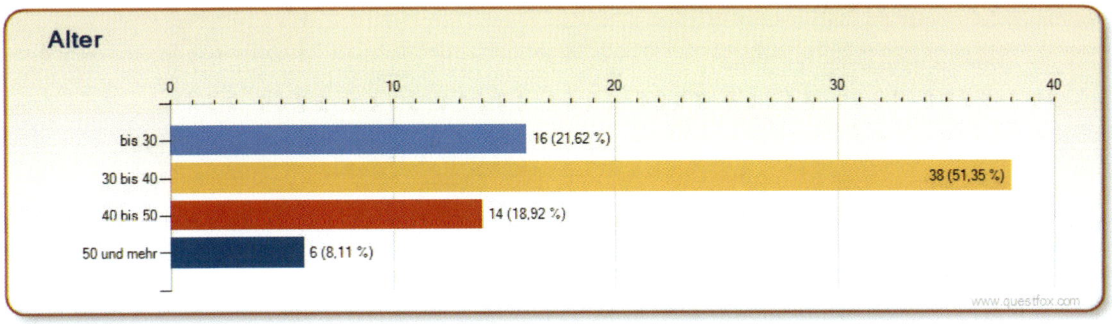

Abbildung 42 Verteilung nach Alterskategorie

Quelle: Questfox

Der gesamte Fragebogen mit den einzelnen Fragen ist im Anhang zu finden, sowie die Mittelwerte zu den einzelnen Fragen. Es macht Sinn, die Ergebnisse wie schon in der Theorie den einzelnen Gestaltungsfaktoren zuzuweisen: Unternehmenskultur und Image, Betriebsklima, Führung, Job und Honorierung und Vergütung. Die Daten werden aus der Auswertung von Questfox entnommen, welche im Anhang zu finden sind. Unter der Spalte „Alle Arbeitnehmer" (vgl. Abbildung 43, S. 63) sind jeweils die Ergebnisse von allen Beteiligten zu sehen, sprich die Anzahl Antworten unter „n" und der jeweilige Mittelwert der Antworten. Dabei werden die Mittelwerte, welche zwischen 1 (Trifft nicht zu) und 2.5 sind (Mitte zwischen „Trifft kaum zu“ und “Trifft teilweise zu“) rot markiert, die Werte zwischen 2.5 und 3.5 orange und diejenigen zwischen 3.5 und 5 grün. Die Spalte „Leaderfunktion“ zeigt jeweils die Mittelwerte der Antworten, welche von Arbeitnehmern mit einer Führungsaufgabe gegeben worden sind. In der letzten Spalte stehen die separaten Ergebnisse von denjenigen, welche keine Leaderfunktion besitzen.

Unternehmenskultur und Image

Sämtliche Ergebnisse der Fragen zur Unternehmenskultur und Image sind in der Abbildung 43 zu sehen.

1= Trifft nicht zu 2= Trifft kaum zu 3= Trifft teilweise zu 4= Trifft zu 5= Trifft voll zu	**Alle Arbeit-nehmer**		**Nur Leader-funktion**		**Keine Leader-funktion**	
Fragen	n	Mittelwert	n	Mittelwert	n	Mittelwert
Mit den Geschäftsentscheidungen des Unternehmens bin ich zufrieden	74	3.86	7	4.14	67	3.84
Die Geschäftsleitung kommuniziert klar, offen und ehrlich	74	2.57	7	4.00	67	2.42
Über wichtige Neuigkeiten im Unternehmen bin ich gut informiert	73	2.33	6	4.00	67	2.18
Die Firma hat einen guten Ruf als Arbeitgeber	74	3.8	7	4.00	67	3.78
Ich habe Vertrauen, dass das Top-Management das Unternehmen erfolgreich in die Zukunft führen wird	74	4.14	7	4.00	67	4.15
Die Geschäftsleitung bringt den Arbeitnehmern Wertschätzung entgegen	73	2.29	7	3.71	66	2.14
Die Geschäftsleitung zeigt echtes Interesse an der Zufriedenheit und dem Wohlergehen der Mitarbeiter	74	2.34	7	4.00	67	2.16

Abbildung 43 Ergebnisse der Fragen zur Unternehmenskultur und Image

Quelle: Eigene Darstellung

Die Frage über Geschäftsentscheidungen ist durchgehend im „grünen" Bereich. Der Mittelwert aller Beteiligten beträgt 3.86, also knapp „Trifft zu". Bei der zweiten Frage ist nur der Mittelwert von denjenigen, welche eine Leaderfunktion haben, im grünen Bereich (4.0 = Trifft zu). Bei den 67 Arbeitnehmern, welche keine Leaderfunktion haben, ist der Mittelwert im roten Bereich (2.42 = zwischen „Trifft kaum zu" und „Trifft teilweise zu"). Der Mittelwert aller Beteiligten beträgt 2.57. Bei Frage drei über wichtige Neuigkeiten im Unternehmen fühlen sich nur diejenigen mit einer Leaderfunktion gut informiert (4.0 = Trifft zu). Der gesamte Mittelwert liegt mit 2.33 klar im roten Bereich, da der Mittelwert von den 67 Arbeitnehmern ohne Führungsfunktion nur 2.18 beträgt (etwas höher als „Trifft kaum zu"). Der „Ruf als Arbeitgeber" wird als Mittelwert von allen Beteiligten mit 3.8 eingestuft. Mit einem Mittelwert von 4.14 schneidet die 5. Frage ab und ist somit auf der ganzen Zeile im „grünen" Bereich. Schlecht schneidet die wahrgenommene, entgegengebrachte Wertschätzung seitens der Geschäftsleitung bei den Arbeitnehmern ab (2.29 = ein wenig höher als „Trifft kaum zu"). Diejenigen mit einer Leaderfunktion schneiden mit 3.71 deutlich besser ab als diejenigen, die „Keine Leaderfunktion" haben (2.14 = ein wenig oberhalb von „Trifft kaum zu"). Ein sehr ähnliches Ergebnis zeigt die letzte Frage. Auch hier ist ein deutlicher Unterschied zwischen denjenigen mit einer Leaderfunktion (4.0) und denjenigen ohne Führungsaufgabe (2.16) zu erkennen.

Betriebsklima

Die Abbildung 44 zeigt die Ergebnisse zu den Aussagen bezüglich des Betriebsklimas.

1= Trifft nicht zu 2= Trifft kaum zu 3= Trifft teilweise zu 4= Trifft zu 5= Trifft voll zu	**Alle Arbeitnehmer**		**Nur Leaderfunktion**		**Keine Leaderfunktion**	
Fragen	n	Mittelwert	n	Mittelwert	n	Mittelwert
Ich habe ein gutes geschäftliches Verhältnis zu meinen Arbeitskollegen	74	4.66	7	4.14	67	4.72
Ich habe ein gutes geschäftliches Verhältnis zum Vorgesetzten	74	4.07	7	4.14	67	4.06

Abbildung 44 Ergebnisse der Aussagen zum Betriebsklima

Quelle: Eigene Darstellung

Mit einem Mittelwert von 4.66 schneidet die Aussage „Ich habe ein gutes geschäftliches Verhältnis zu meinen Arbeitskollegen“ sehr gut ab. Das „gute geschäftliche Verhältnis zum Vorgesetzten“ hat einen gesamten Mittelwert von 4.07 (ein wenig höher als „Trifft zu“).

Führung

Die Abbildung 45 zeigt die Ergebnisse zu den Aussagen bezüglich der Führung.

1= Trifft nicht zu 2= Trifft kaum zu 3= Trifft teilweise zu 4= Trifft zu 5= Trifft voll zu	**Alle Arbeit-nehmer**		**Nur Leader-funktion**		**Keine Leader-funktion**	
Fragen	n	Mittelwert	n	Mittelwert	n	Mittelwert
Ich erhalte für gute Arbeit regelmässig Lob und Anerkennung von meinem Vorgesetzten	74	2.16	7	4.00	67	1.97
Ich bekomme regelmässig Feedback über meine Arbeitsleistung	73	3.58	7	4.00	66	3.53
Mein Vorgesetzter versteht, was mich motiviert	74	2.8	7	3.86	67	2.69
Mein Vorgesetzter ist offen und zugänglich	74	3.89	7	3.86	67	3.90

Abbildung 45 Ergebnisse der Fragen zur Führung

Quelle: Eigene Darstellung

Die Aussage „Ich erhalte für gute Arbeit regelmässig Lob und Anerkennung von meinem Vorgesetzten“ trifft bei denen, welche eine Leaderfunktion haben, zu (4.00). Den tiefsten Mittelwert bei diesem Fragebogen erreicht jedoch diese Frage bei denen, die keine Leaderfunktion haben (1.97). Die Antworten der zweiten Frage liegen im grünen Bereich, wobei diejenigen mit einer Leaderfunktion deutlich besser abschneiden (4.00) als der gesamte Mittelwert (3.58) und somit auch diejenigen ohne Führungsaufgabe (3.53). Die Aussage „Mein Vorgesetzter versteht, was mich motiviert“ erreicht einen Mittelwert von 2.8. Der Mittelwert unter „Leaderfunktion“ ist mit 3.86 (knapp „Trifft zu“) im grünen Bereich und somit deutlich besser als unter „Keine Leaderfunktion“ (2.69 = zwischen „Trifft kaum zu“ und „Trifft teilweise zu“). Durchgehend im grünen Bereich befindet sich die Aussage „Mein Vorgesetzter ist offen und zugänglich". Die Abbildung 46 zeigt die Ergebnisse zu den Aussagen bezüglich des Jobs.

Job

1= Trifft nicht zu 2= Trifft kaum zu 3= Trifft teilweise zu 4= Trifft zu 5= Trifft voll zu		**Alle Arbeit-nehmer**		**Nur Leader-funktion**		**Keine Leader-funktion**
Fragen	n	Mittelwert	n	Mittelwert	n	Mittelwert
Ich habe Klarheit über meine Aufgaben, Ziele und Hand-lungsspielraum	73	2.42	7	4.00	66	2.26
Im letzten Jahr hat jemand mit mir über meine Karrieremöglich-keiten gesprochen	72	2.25	7	3.86	65	2.08
Meine Arbeit entspricht meiner Qualifikation	74	3.3	7	4.71	67	3.15
Unser Arbeitszeitmodell ermög-licht es mir, Beruf und Privates gut in Einklang zu bringen	74	4.39	7	4.00	67	4.43
Ich habe ausreichende Ent-scheidungsfreiheit bei der Arbeit	74	3.92	7	4.00	67	3.91
Das Unternehmen bietet gute Weiterbildungs- und Trainings-möglichkeiten im Vergleich mit anderen Unternehmen	73	2.33	7	3.57	66	2.20
Ich habe genügend Kompetenz und Handlungsspielraum zur Ausführung der Arbeit	73	4.10	7	4.00	66	4.11
Meine Arbeit ist abwechslungs-reich	74	2.24	7	4.00	67	2.06
Ich werde in meiner individuel-len Entwicklung gefördert	74	2.73	7	3.86	67	2.61

Abbildung 46 Ergebnisse der Fragen zum Job

Quelle: Eigene Darstellung

Sämtliche Antworten liegen in der Spalte „Nur Leaderfunktion" im grünen Bereich. Grosse Unterschiede zeigen sich jedoch im Vergleich zu der Spalte „Keine Leader-funktion" und somit auch zum gesamten Mittelwert. Die Aussage „Ich habe Klarheit über meine Aufgaben, Ziele und Handlungsspielraum" liegt im gesamten Mittelwert

(2.42) und bei denen ohne Leaderfunktion (2.26) klar im roten Bereich. Ähnlich sieht es bei der zweiten Frage aus. Die Aussage „Meine Arbeit entspricht meiner Qualifikation“ erreicht bei den Arbeitnehmern mit einer Führungsaufgabe einen Mittelwert von 4.71. Deutlich schlechter fällt der Mittelwert aller Beteiligten (3.3) und auch der Mittelwert unter „Keine Leaderfunktion “ (3.15) aus. Durchgehend gut schneidet das Arbeitszeitmodell in der Firma X AG ab mit einem Mittelwert von 4.39. Es ermöglicht allen Arbeitnehmern, Beruf und Privates gut in Einklang zu bringen. Auch die nächste Aussage „Ich habe ausreichende Entscheidungsfreiheit bei der Arbeit“ ist durchweg im grünen Bereich und erzielt bei allen Beteiligten einen Mittelwert von 3.92. Klar im roten Bereich ist jedoch die nächste Aussage „Das Unternehmen bietet gute Weiterbildungs- und Trainingsmöglichkeiten im Vergleich mit anderen Unternehmen“. Diese Aussage bekommt von den Arbeitnehmern mit Leaderfunktion einen Mittelwert von 3.57: der Mittelwert aller Beteiligten beträgt jedoch 2.33, da der Mittelwert von den Nichtführungspersonen nur bei 2.20 liegt. Alle Arbeitnehmer haben genügend Kompetenz und Handlungsspielraum zur Ausführung der Arbeit. Der Mittelwert aller Beteiligten beträgt 4.10. Abwechslungsreiche Arbeit erzielt bei der „Nur Leaderfunktion“ einen Mittelwert von 4.00 (Trifft zu). Klar im roten Bereich ist der gesamte Mittelwert (2.24) und somit auch jener der „Keine Leaderfunktion“ (2.06). Die Aussage „Ich werde in meiner individuellen Entwicklung gefördert“ erreicht bei den Arbeitnehmern mit Führungsaufgaben einen Mittelwert von 3.86. deutlich schlechter ist der gesamte Mittelwert (2.73) und der Mittelwert unter „Keine Leaderfunktion“ (2.61).

Honorierung und Vergütung

Die Abbildung 47 zeigt das Ergebnis zu Honorierung und Vergütung.

1= Trifft nicht zu 2= Trifft kaum zu 3= Trifft teilweise zu 4= Trifft zu 5= Trifft voll zu	**Alle Arbeit-nehmer**		**Nur Leader-funktion**		**Keine Leader-funktion**	
Fragen	n	Mittelwert	n	Mittelwert	n	Mittelwert
Die Vergütung (Grundgehalt) empfinde ich als fair	74	4.34	7	4.57	67	4.31

Abbildung 47 Ergebnis der Frage zum Grundgehalt

Quelle: Eigene Darstellung

Das Grundgehalt ist durchgehend im sicheren grünen Bereich.

6.2 Fazit

Anhand der Antworten des Fragebogens und zurückgreifend auf die Theorie kann nun die zentrale Fragestellung „Was kann die Firma X AG tun, um eine höhere Mitarbeiterbindung zu erreichen?“ beantwortet werden.

Die Antworten des Fragebogens zeigen, dass die Firma X AG in Bezug auf die Mitarbeiterbindung Verbesserungspotential aufweist. Sämtliche Mittelwerte der Antworten bei den Arbeitnehmern mit einer Leaderfunktion liegen im grünen Bereich. Somit kann primär gesagt werden: Massnahmen müssen vor allem für die Angestellten ohne Leaderfunktion getroffen werden. Dabei kann die Geschäftsleitung sehr viel zu einer besseren Mitarbeiterbindung beitragen. Erster Ansatzpunkt ist die Kommunikation. Sie wird weder als offen noch als ehrlich empfunden von der Seite jener ohne Leaderfunktion. Sie fühlen sich zudem schlecht informiert über wichtige Neuigkeiten im Unternehmen (vgl. Abbildung 43, S. 63). Die Kommunikation (vgl. S. 30) hat einen Einfluss auf die Mitarbeiterbindung. Zugehörigkeitsgefühle entstehen nur durch einen guten Informationsfluss (vgl. S. 30). Den Arbeitnehmern ohne Leaderfunktion mangelt es zudem am Entgegenbringen von Wertschätzung (vgl. Abbildung 43, S. 63). Aus Sicht der Arbeitnehmer (ohne Leaderfunktion) besteht kaum Interesse seitens der Geschäftsleitung an der Zufriedenheit und dem Wohlergehen der Arbeitnehmer (vgl. Abbildung 43, S. 63). Dabei ist dieser Punkt sehr wichtig in Bezug auf Mitarbeiterbindung. Erst durch die Wertschätzung der Person und ihrer Leistung entwickelt das Unternehmen das Grundelement „ökonomische Beziehung zur Nutzung der Human-Ressource“ weiter und erzeugt indirekt Bindung (vgl. S. 30). Wertschätzung ist ein Element der Unternehmenskultur, welche die tragende Säule bildet für Mitarbeiterbindungsprogramme (vgl. S. 30). Grosser Nachholbedarf besteht bei den Vorgesetzten in Bezug auf das Aussprechen von Lob und Anerkennung (vgl. Abbildung 45, S. 65). Dies wird von den Arbeitnehmern (ohne Leaderfunktion) als mangelhaft empfunden. Dabei haben die Führungspersonen grossen Einfluss auf die Mitarbeiterbindung (vgl. S. 32). Wenn der Arbeitnehmer weder Lob noch Anerkennung bekommt, kann dies in Frust enden, und er wird kaum noch Engagement zeigen (vgl. S. 32). Zudem scheinen die Vorgesetzten nicht zu verstehen, was die Unterstellten motiviert (vgl. Abbildung 45, S. 65). Beim Job gibt es auch noch Verbesserungspotential, um eine höhere Mitarbeiterbindung erreichen zu können. Bei den Arbeitnehmern ohne Leaderfunktion mangelt es an Klarheit über Aufgaben, Ziele und Handlungsspielraum (vgl. Abbildung 46, S. 66). Die Arbeit ist zudem nicht abwechslungsreich (vgl. Abbildung 46, S. 66). Dies kann in Frustration enden (vgl. S. 33). Die individuelle Entwicklung der Arbeitnehmer wird nicht gefördert und die Karrieremöglichkeiten werden nicht kommuniziert (vgl. Abbildung 46, S. 66). Das Angebot von Weiterbildungs- und Trainingsmöglichkeiten im Vergleich zu anderen Unternehmen wird von den Arbeitnehmern ohne Leaderfunktion als schlecht angeschaut. (vgl. Abbildung 46, S. 66). Dazu kommt, dass die Arbeit nicht der Qualifikation der Arbeitnehmer ohne Leaderfunktion entspricht (vgl. Abbildung 46, S. 66). Die Arbeit soll jedoch der Qualifikation des Arbeitnehmers entsprechen. Zudem wollen gute Mitarbeiter eine anspruchsvolle Arbeit (vgl. S. 33).

6.3 Massnahmen

Die Abbildung 48 zeigt nochmals zusammenfassend, was die Firma X AG tun kann, um eine höhere Mitarbeiterbindung zu erreichen. Im Anschluss werden mögliche Massnahmen formuliert, welche helfen könnten, um bei den einzelnen Punkten in Zukunft ein besseres Ergebnis zu erhalten.

- Die Geschäftsleitung muss für eine klare, offene und ehrliche Kommunikation sorgen
- Es muss ein Weg gefunden werden, damit auch die Arbeitnehmer ohne Leaderfunktion gut informiert sind über wichtige Neuigkeiten im Unternehmen
- Die Geschäftsleitung muss den Arbeitnehmern mehr Wertschätzung entgegenbringen, Interesse am Wohlergehen und der Zufriedenheit der „Menschen" zeigen
- Die Vorgesetzten müssen für gute Arbeit ihrer Unterstellten Lob und Anerkennung aussprechen und lernen zu verstehen, was die Unterstellten motiviert
- Auf der Job-Ebene muss dafür gesorgt werden, dass bei den Arbeitnehmern ohne Leaderfunktion Klarheit besteht bezüglich Aufgaben, Ziele und Handlungsspielraum
- Es ist dafür zu sorgen, dass der Job abwechslungsreicher wird und der Qualifikation der Arbeitnehmer entspricht
- Es sind Weiterbildungs- und Trainingsmöglichkeiten zu schaffen
- Es ist für Transparenz bezüglich der Karrieremöglichkeiten innerhalb der Firma zu sorgen und die individuelle Entwicklung der Arbeitnehmer zu fördern

Abbildung 48 Was die Firma X AG tun kann, um eine höhere Mitarbeiterbindung zu erreichen
Quelle: Eigene Darstellung

Die Geschäftsleitung muss sich eingestehen, dass sie momentan aus Sicht der Arbeitnehmer nicht gut beurteilt wird in Bezug auf das Entgegenbringen von Wertschätzung. Das Interesse der Geschäftsleitung an den „Menschen" bzw. Arbeitnehmern scheint nicht gross zu sein. Eine Besserung wird sich nur einstellen, wenn diese Kritik aus Sicht der Geschäftsleitung ernst genommen wird. Das Verbesserungspotential ist sehr gross. Dabei wäre eine Begrüssung bei einer zufälligen Begegnung schon ein erster Schritt zur Verbesserung. Ein anderer Ansatzpunkt ist das Vorschlagswesen. Dabei kann jeder Arbeitnehmer einen Vorschlag einreichen zu einer Verbesserung innerhalb der Firma. Wenn ein Arbeitnehmer nach etlichen Nachfragen erst nach über einem Jahr ein Feedback bekommt, so führt dies sicherlich nicht zu einer Verbesserung der empfundenen Wertschätzung. Die Kommunikation wird als nicht ehrlich und offen beurteilt. Es entstehen zu viele Gerüchte, da nur angenehme Wahrheiten kommuniziert werden. Die unangenehmen Wahrheiten werden unter den Tisch gewischt. Allzu oft erfährt man wichtige Informationen aus dritter „Hand" oder überhaupt nicht. Eine Möglichkeit ist die vermehrte Nutzung des internen Mails. Dadurch erhalten alle Arbeitnehmer die Information. Die direkten Vorgesetzten müssen anfangen, für gute Arbeit ihrer Unterstellten Lob und Anerkennung auszusprechen. Obwohl zum Teil immer die gleichen Arbeiten auf dem Schreibtisch liegen, so kann die Arbeit durch den Vorgesetzten spannender und abwechslungsreicher gestaltet werden. Dabei kann zum Beispiel innerhalb einer Abteilung eine „Job Rotation" stattfinden, um für mehr Abwechslung zu sorgen. Oder der Vorgesetzte delegiert nicht immer die gleichen Aufgaben an bestimmte Unterstellte. Zudem müssen sich die Vorgesetzten vermehrt bemühen, ihre Unterstellten besser kennenzulernen, um herauszufinden, was die Arbeitnehmer motiviert. Um erhöhte Klarheit über Aufgaben und Handlungsspielraum zu schaffen, bietet sich die Überarbeitung der einzelnen Stellenbeschreibungen an. Die Klarheit über die Ziele muss im MbO besser verankert werden. In weiteren Einstellungsgespräch ist zu klären, ob der Job der Qualifikation des Arbeitnehmers entspricht. Es macht keinen Sinn, überqualifizierte Arbeitnehmer einzustellen. Mit den Arbeitnehmern, welche eine Karriere anstreben, ist in Gesprächen zu klären, ob diese in dieser Firma möglich ist. In bezug auf die Weiterbildungs- und Trainingsmöglichkeiten in der Firma muss in einem weiteren Schritt eine Bedürfnisabklärung stattfinden. Erst danach kann man sich überlegen, in welchem Rahmen Weiterbildungs- und Trainingsmöglichkeiten angeboten werden.

7 Schlussbetrachtung

Die Umsetzung der genannten Punkte zur Verbesserung der Mitarbeiterbindung dürfte sich als schwierig erweisen, da alles im Bereich der Vorgesetzten und der Geschäftsleitung liegt. Es wird darauf ankommen, ob die Geschäftsleitung negative Kritik entgegennimmt. Darüber hinaus müsste sie sich auch noch ernsthaft Gedanken machen, wie die einzelnen Punkte umzusetzen sind. Das gleiche gilt für die Vorgesetzten.

8 Literatur

Adams, J.S. (1965): Inequity in social exchange. In: Berkowitz: Advances in experimental social psychology, Vol. 2, New York, S. 267-299.

Armutat, Sascha (2003): „Retention ganzheitlich managen". In: Personalführung, Heft 02/2003, S.96-97.

Albs, Norbert (2005): Wie man Mitarbeiter motiviert.
Motivation und Motivationsförderung Im Führungsalltag. Berlin: Cornelsen.

Bauer, Hans H., Jensen, Stefanie (2001): Determinanten der Mitarbeiterbindung. Überlegungen zur Verallgemeinerung der Kundenbindungstheorie. Institut für marktorientierte Unternehmensführung, Universität Mannheim.

Bertrand, Martin H. (2004): Best-Practise-Personalbindungsstrategien in Grossunternehmen. In: Bröckermann, Reiner; Pepels, Werner:
Personalbindung – Wettbewerbsvorteile durch strategisches Human Ressource Management (S. 265-286). Berlin: Erich Schmidt.

Buckingham, Marcus; Coffman, Curt (2001): Erfolgreiche Führung gegen alle Regeln. Wie Sie erfolgreiche Mitarbeiter binden, halten und fördern. Frankfurt a.M.: Campus.

Burkart, Brigitte; Schwaab, Markus (2004): Best-Practise-Personalbindungsstrategien in Dienstleistungsunternehmen. In: Bröckermann, Reiner; Pepels, Werner: Personalbindung – Wettbewerbsvorteile durch strategisches Human Resource Management (S. 399-415). Berlin: Erich Schmidt.

Bröckermann, Reiner (2004): Grundlage des Personalbindungsmanagement. In: Bröckermann, Reiner; Pepels, Werner: Personalbindung – Wettbewerbsvorteile durch strategisches Human Resource Management (S. 15-31). Berlin: Erich Schmidt.

Coltart, Nina (1991): The Silent Patient. In: Porst, Rolf (2008): Fragebogen. Ein Arbeitsbuch. Wiesbaden: Verlag für Sozialwissenschaften, S. 11.

Esch, Rudolf (2003): Marken. Auf der Suche nach Identität. In: Frankfurter Allgemeine Zeitung, Ausgabe 24 vom 14.4.2003.

Felfe, Jörg (2008): Mitarbeiterbindung. Göttingen: Hofgrefe.

Gonschorrek, Ulrich (2004): Das Service-Center im Personalbindungsmanagement. In: Bröckermann, Reiner; Pepels, Werner. Personalbindung – Wettbewerbsvorteile durch strategisches Human Resources Management (S.197-224). Berlin: Erich Schmidt.

Geschwill, Roland (2001): War for talents: Zauberwort Mitarbeiterbindung. In: Human Resources, Ausgabe 2/2001, S. 2.

Gertz, Winfried (2003): Truppen sichern für den War for Talents. In: Personalmagazin – Management, Recht und Praxis, Ausgabe 8/2003.

Graeff, Peter (1998): Vertrauen zum Vorgesetzten und zum Unternehmen: Modellentwicklung und empirische Überprüfung verschiedener Arten des Vertrauens, deren Determinanten und Wirkungen bei beschäftigten in Wirtschaftsunternehmen. Berlin: Wissenschaftlicher Verlag.

Grewe, Alexander (2000): Implementierung neuer Anreizsysteme. Grundlagen, Konzept und Gestaltungsempfehlungen. München und Mering: Rainer Hampp.

Hirschmann (1974): Abwanderung und Widerspruch. Tübingen.

International Survey Research (2002): International Survey Research: Mitarbeiterbindung, Engagement und Leistungsorientierung in Europa: Merkmale, Ursachen, Konsequenzen. London.

Holbeche, Linda (2001): Aligning Human Resources and Business Strategy. New York: Butterworth-Heinemann, S. 166.

Kahabaka, Gerwin (2004): Potentialbewertung und Potentialentwicklung. In: Bröckermann, Reiner; Pepels, Werner: Personalbindung – Wettbewerbsvorteile durch strategisches Human Resources Management (S. 83-100). Berlin: Erich Schmidt.

Knoblauch, Rolf (2004): Instrumente des Personalbindungsmanagements. In: Bröckermann, Reiner; Pepels, Werner: Personalbindung – Wettbewerbsvorteile durch strategisches Human Resources Management (S.101-130). Berlin: Erich Schmidt.

Klimecki, Rüdiger; Gmür, Markus (2001): Personalmanagement-Strategien-Erfolgsbeiträge-Entwicklungsstrategien. Stuttgart: Lucius und Lucius.

Marburger, Gerhard (2004): Personalbindungsstrategien im Klein- und Mittelstand. In: Bröckermann, Reiner; Pepels, Werner: Personalbindung – Wettbewerbsvorteile durch strategisches Human Resource Management (S. 287-322). Berlin: Erich Schmidt.

Meifert, Matthias (2005): Mitarbeiterbindung. München und Mering: Rainer Hampp Verlag.

Müller-Vorbrüggen (2004): Personalbindungsstrategien in internationalen Unternehmen. In: Bröckermann, Reiner; Pepels, Werner: Personalbindung – Wettbewerbsvorteile durch strategisches Human Resource Management (S.343- 363). Berlin: Erich Schmidt.

Niermeyer, Rainer; Postall, Nadja (2008): Führen. München: Haufe.

Nollau, Hans-Georg; Etterer, Wolfgang (2004): Logistikgerechtes Entgeltmanagement. Köln: Josef Eul.

Pepels, Werner (2004): Personalzufriedenheit und Zufriedenheitsmessung. In: Bröckermann, Reiner; Pepels, Werner (2004): Personalbindung – Wettbewerbsvorteile durch strategisches Human Resource Management (S. 51- 82). Berlin: Erich Schmidt.

Pepels, Werner (2002): Personalbindung. In: Bröckermann, Reiner, Pepels, Werner: Personalmarketing: Akquisition-Bindung-Freistellung (S.129-143). Stuttgart.

Peter, S.I. (1997): Kundenbindung als Marketingziel: Identifikation und Analyse zentraler Determinanten. Wiesbaden.

Peter, S.I. (1999): Kundenbindung als Marketingziel: Identifikation und Analyse zentraler Determinanten. Wiesbaden.

Porst, Rolf (2008): Fragebogen: Ein Arbeitsbuch. Wiesbaden: Verlag für Sozialwissenschaften.

Reichheld, Frederic F. (1997a): Der Loyalitätseffekt. In: Szebel-Habig, Astrid: Mitarbeiterbindung: Auslaufmodell Loyalität? Weinheim und Basel: Beltz.

Reichenheld, Frederic F. (1997b): Der Loyalitätseffekt. Frankfurt a.M/New York.

Rosenstiel, Lutz v. (1999a): Motivation von Mitarbeitern. In: Rosenstiel, Lutz v.; Regnet, Erika & Domsch, Michel: Führung von Mitarbeitern – Handbuch für erfolgreiches Personalmanagement (S.173-192). Stuttgart: Schäffer-Poeschel.

Rosenstiel, Lutz v. (1999b): Arbeitszufriedenheit. In: Rosenstiel, Lutz v.; Regnet, Erika & Domsch, Michel: Führung von Mitarbeitern – Handbuch für erfolgreiches Personalmanagement (S.193-204). Stuttgart: Schäffer-Poeschel.

Rosenstiel, Lutz v. (1999c): Anerkennung und Kritik als Führungsmittel. In: Rosenstiel, Lutz v.; Regnet, Erika & Domsch, Michel: Führung von Mitarbeitern – Handbuch für erfolgreiches Personalmanagement (S. 243-253). Stuttgart: Schäffer-Poeschel.

Rosenstiel, Lutz v. (2001): Motivation im Betrieb. Leonberg: Rosenberger Fachverlag.

Schütze, Roland (1992): Kundenzufriedenheit. After-Sales-Marketing auf industriellen Märkten. Wiesbaden.

Stührenberg, Lutz (2004): Oekonomische Bedeutung des Personalbindungsmanagements für Unternehmen. In: Bröckermann, Reiner, Pepels, Werner: Personalbindung – Wettbewerbsvorteile durch strategisches Human Resource Management (S.33-50). Berlin: Erich Schmidt.

Sudman, Seymour; Bradburn, Norman (1982): Asking Questions. In: Porst, Rolf (2008): Fragebogen: Ein Arbeitsbuch. Wiesbaden: Verlag für Sozialwissenschaften, S. 12.

Szebel-Habig, Astrid (2004): Mitarbeiterbindung: Auslaufmodell Loyalität? Beltz, Weinheim und Basel.

Thibaut, J.; Kelley, H. (1959): The social psychology of groups, New York.

Thom, Norbert (2001): Personalmanagement: Überblick und Entwicklungstendenzen. In: Excellence durch Personal- und Organisationskompetenz, hrsg. v. Norbert Thom und Robert J. Zaugg. Bern/Stuttgart/Wien, S. 117-131.

Thom, Norbert; Friedli, Vera (2003): "High Potentials: Was die guten bindet". In: Personalmagazin, Heft 02/2003, S. 64-66.

vom Hofe, Anja (2005): Strategien und Massnahmen für ein erfolgreiches Management der Mitarbeiterbindung. Hamburg: Dr. Kovac.

Wesemeier, J. (2002): Vertrauen als Strategie der Kundenbindung. Hamburg.

Wucknitz, Uwe (2000): Mitarbeiter-Marketing. Göttingen, Bern, Toronto, Seattle.

9 Internet

Bundesamt für Statistik
http://www.bfs.admin.ch/bfs/portal/de/index/themen/01/22/publ.html?publicationID=3394
Zugriffsdatum: 10.2.2009

Gallup Engagement Index Deutschland 2008
Pressegespräch
www.germany.gallup.com
Die Gallup GmbH Deutschland, Über uns, Potsdam, 2. Januar 2009
Gallup Engagement Index 2008 Zugriffsdatum: 15.1.2009

IFAK Arbeitsklima-Barometer Deutschland 2007
http://www.ifak.com/de/news/ifak-arbeitsklima-barometer-2007-geringe-mitarbeiterbindung-kostet-deutsche-unternehmen-milli.html
Zugriffsdatum: 15.1.2009

IFAK Arbeitsklima-Barometer Deutschland 2008
http://www.ifak.com/de/ PDF-Download vom 15.1.2009

Io new management 2008, Wie Unternehmen Talente nachhaltig binden können. Regine Moser und Norbert Thom
http://www.ionewmanagement.ch/de/artikelanzeige/artikelanzeige.asp?pkBerichtNr=173146
Zugriffsdatum: 6.2.2009

IOP Universität Bern
http://www.iop.unibe.ch/medien/pdf-2003/Schweizer%20Arbeitgeber_Nr.4.pdf
Zugriffsdatum: 5.2.2009

IOP 2009
http://www.iop.unibe.ch/ Zugriffsdatum: 6.2.2009

Manpower Medienmitteilung
http://129.35.74.13/Img/4024F6F1A6F847D5842B4CD80FFD7A10.pdf
Zugriffsdatum: 6.2.2009

Questfox
http://www.questfox.info/Home/tabid/912/language/de-CH/Default.aspx
Zugriffsdatum: 6.2.2009

Towers Perrin Global Workforce Study 2005, Deutschland-Report
http://www.towersperrin.com PDF-Übermittlung am 15.1.2009

Towers Perrin Global Workforce Study 2007, Deutschland-Report
http://www.towersperrin.com/tp/getwebcachedoc?webc=HRS/DEU/2008/200801/TPGWSGermany.pdf
Zugriffsdatum: 11.1.2009

Towers Perrin Global Workforce Study 2007, Schweiz-Report
http://www.towersperrin.com PDF-Übermittlung am 15.1.2009

10 Abbildungsverzeichnis

11 Anhang

11.1 Fragebogen

Sehr geehrte Mitarbeiter

Für meine Masterarbeit an der PHW führe ich eine Online-Befragung durch.
Sie alle kennen unsere Japanische Philosophie, welche unter dem Namen "Kaizen" bekannt ist.

KAI = Veränderung
ZEN = zum Besseren

In meiner Masterarbeit geht es darum, herauszufinden, wo wir uns verbessern können.
Bitte nehmen Sie sich diese Zeit um den Fragebogen auszufüllen.
Bei Unklarheiten schauen Sie bitte bei mir vorbei.

Freundliche Grüsse

Patric Seehofer

Bitte klicken Sie ***Weiter,*** um fortzufahren.

WEITER →

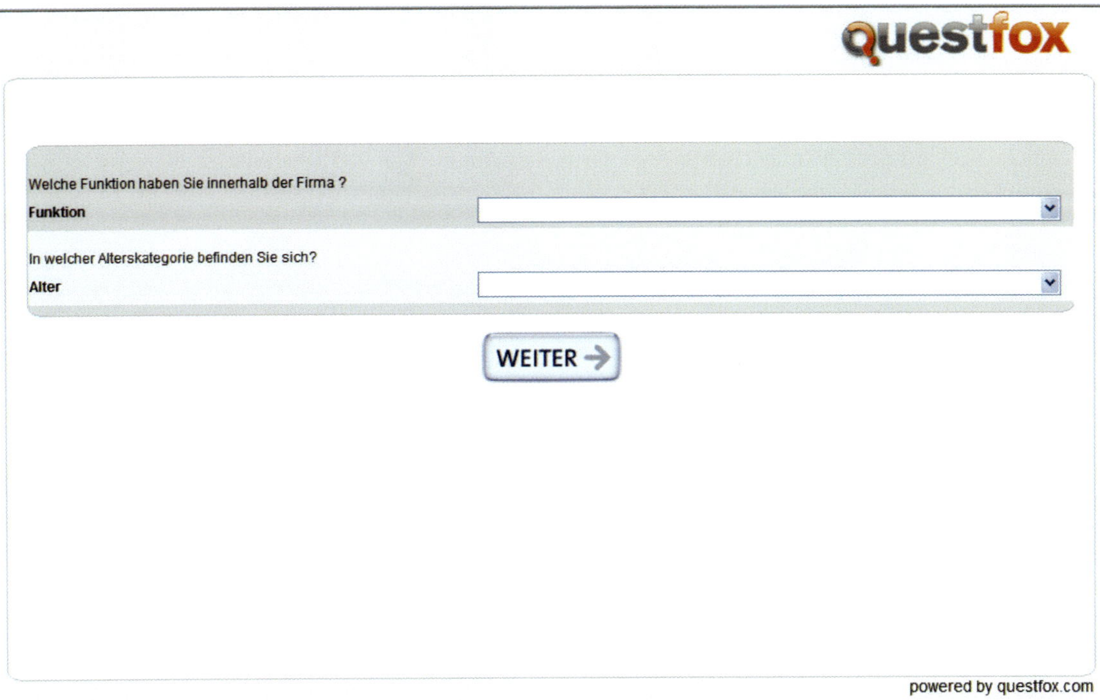
questfox

Welche Funktion haben Sie innerhalb der Firma ?

Funktion

In welcher Alterskategorie befinden Sie sich?

Alter

WEITER →

powered by questfox.com

Der Fragebogen

	Trifft voll zu	Trifft zu	Trifft teilweise zu	Trifft kaum zu	Trifft nicht zu
Ich erhalte für gute Arbeit regelmässig Lob und Anerkennung von meinem Vorgesetzten					
Ich habe Klarheit über meine Aufgaben, Ziele und Handlungsspielraum					
Über wichtige Neuigkeiten im Unternehmen bin ich gut informiert					
Die Geschäftsleitung zeigt echtes Interesse an der Zufriedenheit und Wohlergehen der Mitarbeiter					
Das Unternehmen bietet gute Weiterbildungs-und Trainingsmöglichkeiten im Vergleich mit andern Unternehmen					
Ich bekomme regelmässig Feedback über meine Arbeitsleistung					
Meine Arbeit entspricht meiner Qualifikation					
Ich habe ein gutes geschäftliches Verhältnis zum Vorgesetzten					
Die Firma hat einen guten Ruf als Arbeitgeber					
Die Vergütung (Grundgehalt) empfinde ich als fair					
Unser Arbeitszeitmodell ermöglicht es mir, Beruf und Privates gut in Einklang zu bringen					
Im letzten Jahr hat jemand mit mir über meine Karrieremöglichkeiten gesprochen					
Ich habe ausreichende Entscheidungsfreiheit bei der Arbeit					
Ich habe genügend Kompetenz und Handlungsspielraum zur Ausführung der Arbeit					
Meine Arbeit ist abwechslungsreich					
Ich habe ein gutes geschäftliches Verhältnis zu meinen Arbeitskollegen					
Die Geschäftsleitung bringt den Arbeitnehmern Wertschätzung entgegen					
Mit den Geschäftsentscheidungen des Unternehmens bin ich zufrieden					
Die Geschäftsleitung kommuniziert klar, offen und ehrlich					
Ich werde in meiner individuellen Entwicklung gefördert					
Ich habe Vertrauen, dass das Top-Management das Unternehmen erfolgreich in die Zukunft führen wird					
Mein Vorgesetzter versteht, was mich motiviert					
Mein Vorgesetzter ist offen und zugänglich					

WEITER →

Vielen Dank für IhreTeilnahme an der Befragung.

Die Befragung ist hiermit beendet. **Sie können dieses Fenster nun schließen.**

Diese Erhebung wurde mit questfox durchgeführt.
questfox verbindet Methode, Befragung, Response-Management und Auswertung in einem Tool.
Mit questfox lassen sich Online-Erhebungen einfach, schnell und günstig international durchführen.

powered by questfox.com

11.2 Auswertungen der Fragen

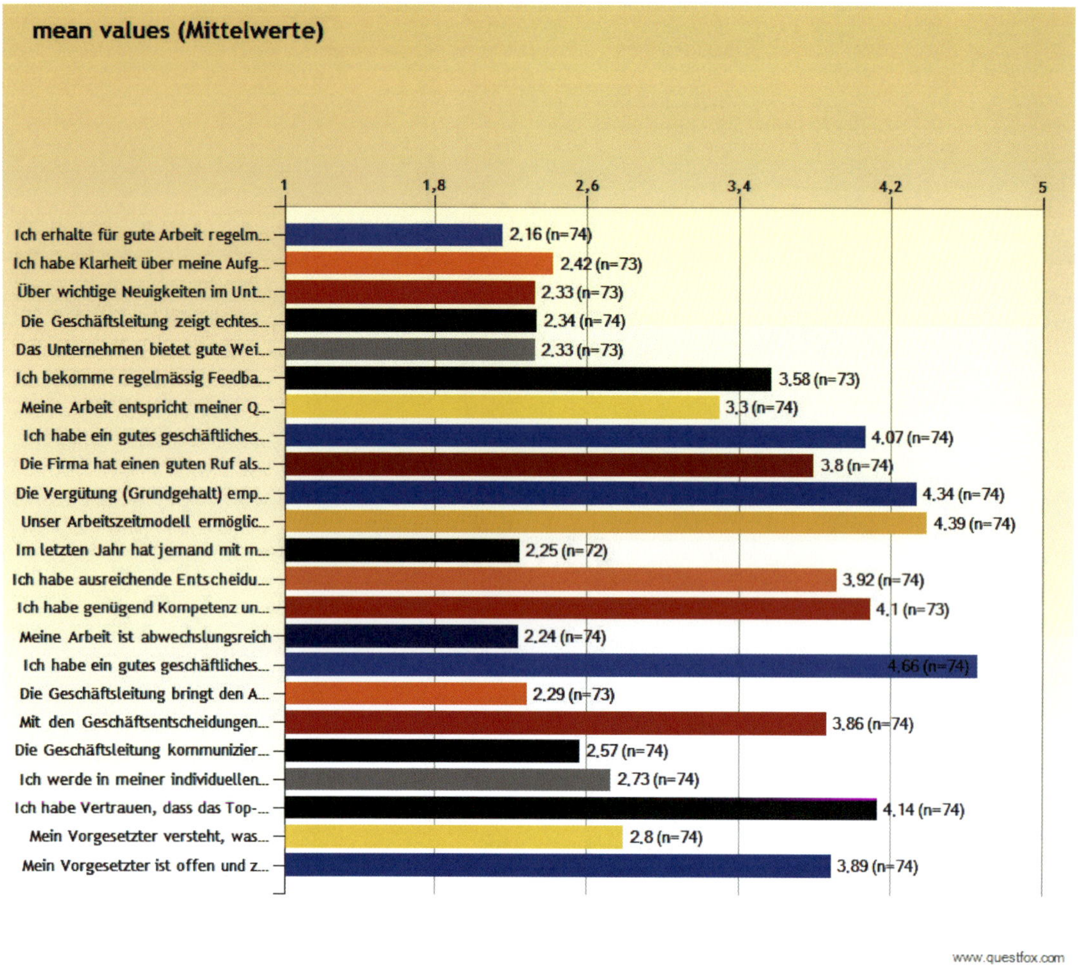

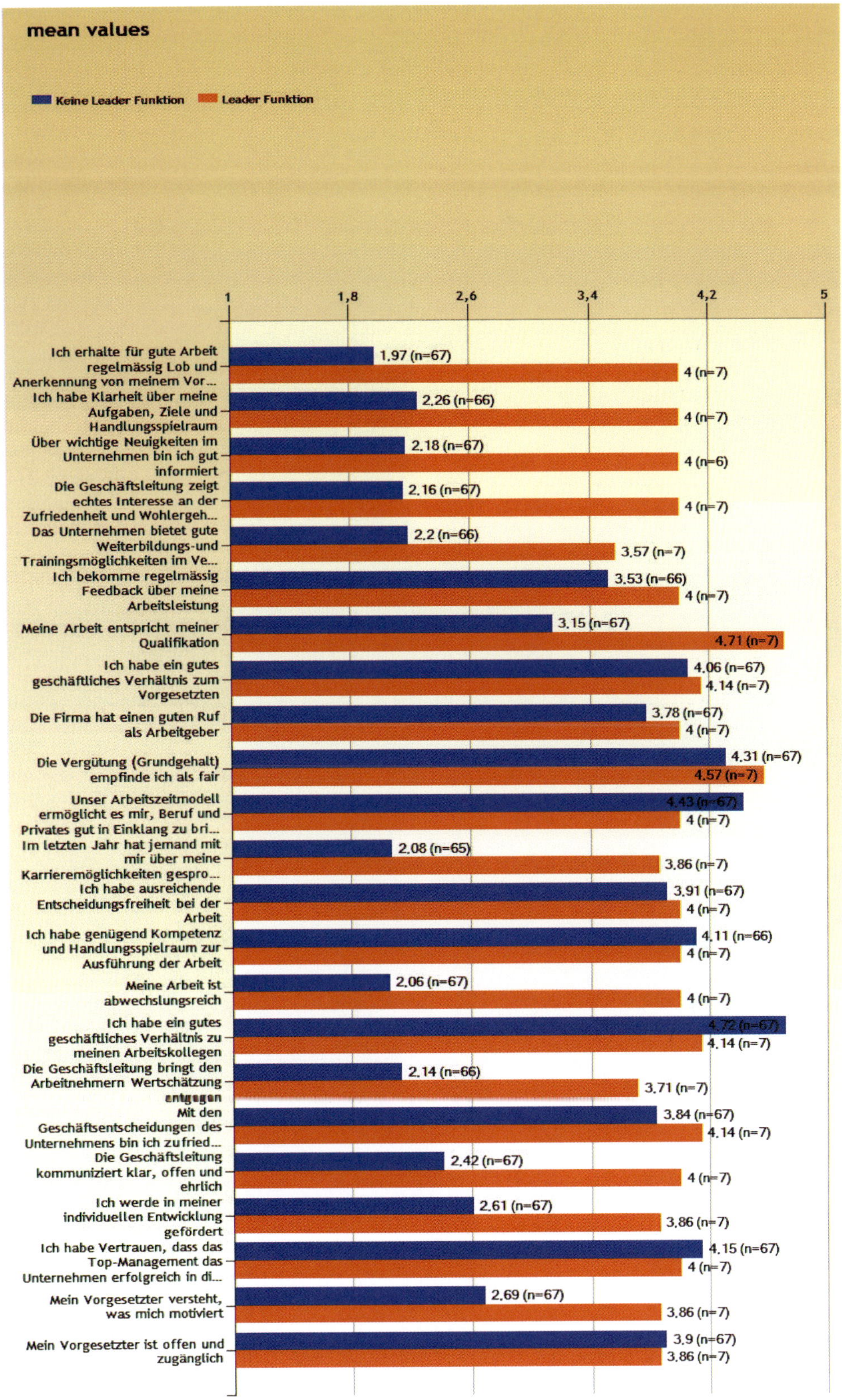
mean values
Keine Leader Funktion
Leader Funktion
1
1,8
2,6
3,4
4,2
5
Ich erhalte für gute Arbeit regelmässig Lob und Anerkennung von meinem Vor...
1.97 (n=67)
4 (n=7)
Ich habe Klarheit über meine Aufgaben, Ziele und Handlungsspielraum
2.26 (n=66)
4 (n=7)
Über wichtige Neuigkeiten im Unternehmen bin ich gut informiert
2.18 (n=67)
4 (n=6)
Die Geschäftsleitung zeigt echtes Interesse an der Zufriedenheit und Wohlergeh...
2.16 (n=67)
4 (n=7)
Das Unternehmen bietet gute Weiterbildungs-und Trainingsmöglichkeiten im Ve...
2.2 (n=66)
3.57 (n=7)
Ich bekomme regelmässig Feedback über meine Arbeitsleistung
3.53 (n=66)
4 (n=7)
Meine Arbeit entspricht meiner Qualifikation
3.15 (n=67)
4.71 (n=7)
Ich habe ein gutes geschäftliches Verhältnis zum Vorgesetzten
4.06 (n=67)
4.14 (n=7)
Die Firma hat einen guten Ruf als Arbeitgeber
3.78 (n=67)
4 (n=7)
Die Vergütung (Grundgehalt) empfinde ich als fair
4.31 (n=67)
4.57 (n=7)
Unser Arbeitszeitmodell ermöglicht es mir, Beruf und Privates gut in Einklang zu bri...
4.43 (n=67)
4 (n=7)
Im letzten Jahr hat jemand mit mir über meine Karrieremöglichkeiten gespro...
2.08 (n=65)
3.86 (n=7)
Ich habe ausreichende Entscheidungsfreiheit bei der Arbeit
3.91 (n=67)
4 (n=7)
Ich habe genügend Kompetenz und Handlungsspielraum zur Ausführung der Arbeit
4.11 (n=66)
4 (n=7)
Meine Arbeit ist abwechslungsreich
2.06 (n=67)
4 (n=7)
Ich habe ein gutes geschäftliches Verhältnis zu meinen Arbeitskollegen
4.72 (n=67)
4.14 (n=7)
Die Geschäftsleitung bringt den Arbeitnehmern Wertschätzung entgegen
2.14 (n=66)
3.71 (n=7)
Mit den Geschäftsentscheidungen des Unternehmens bin ich zufried...
3.84 (n=67)
4.14 (n=7)
Die Geschäftsleitung kommuniziert klar, offen und ehrlich
2.42 (n=67)
4 (n=7)
Ich werde in meiner individuellen Entwicklung gefördert
2.61 (n=67)
3.86 (n=7)
Ich habe Vertrauen, dass das Top-Management das Unternehmen erfolgreich in di...
4.15 (n=67)
4 (n=7)
Mein Vorgesetzter versteht, was mich motiviert
2.69 (n=67)
3.86 (n=7)
Mein Vorgesetzter ist offen und zugänglich
3.9 (n=67)
3.86 (n=7)

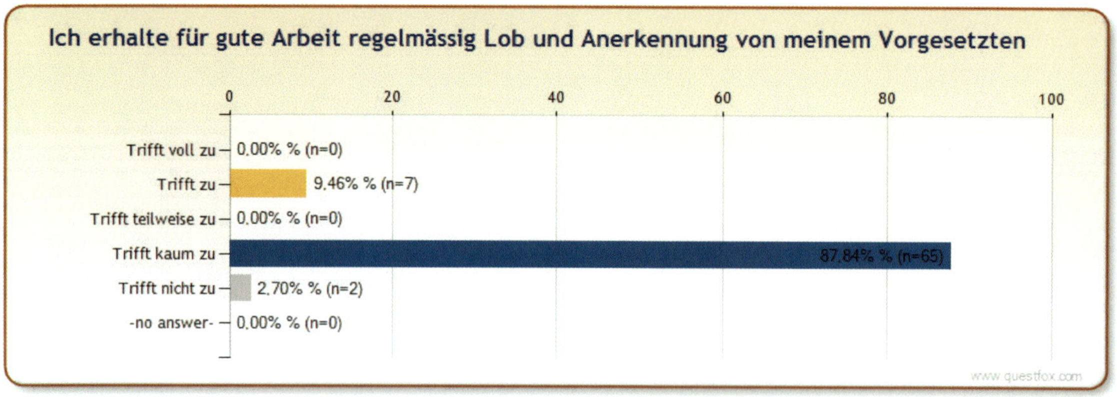
Ich erhalte für gute Arbeit regelmässig Lob und Anerkennung von meinem Vorgesetzten
0
20
40
60
80
100
Trifft voll zu
0,00% % (n=0)
Trifft zu
9,46% % (n=7)
Trifft teilweise zu
0,00% % (n=0)
Trifft kaum zu
87,84% % (n=65)
Trifft nicht zu
2,70% % (n=2)
-no answer-
0,00% % (n=0)
www.questfox.com

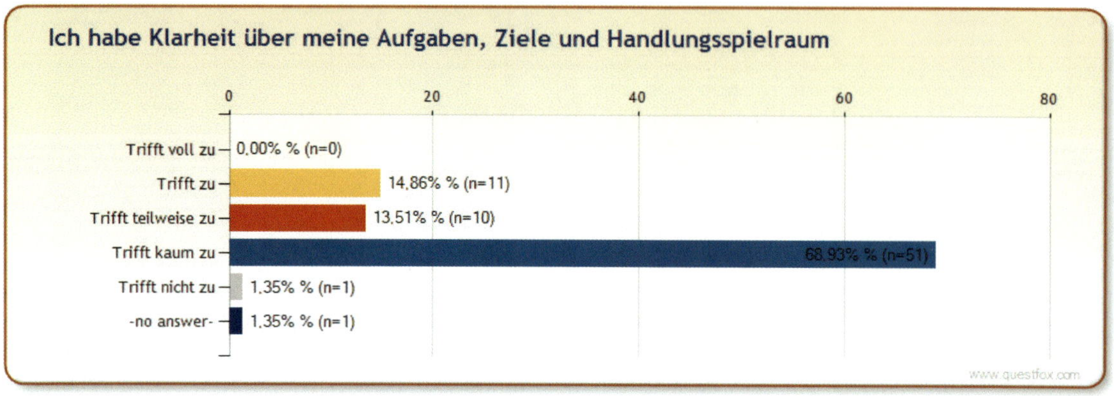
Ich habe Klarheit über meine Aufgaben, Ziele und Handlungsspielraum
0
20
40
60
80
Trifft voll zu
0,00% % (n=0)
Trifft zu
14,86% % (n=11)
Trifft teilweise zu
13,51% % (n=10)
Trifft kaum zu
68,93% % (n=51)
Trifft nicht zu
1,35% % (n=1)
-no answer-
1,35% % (n=1)
www.questfox.com

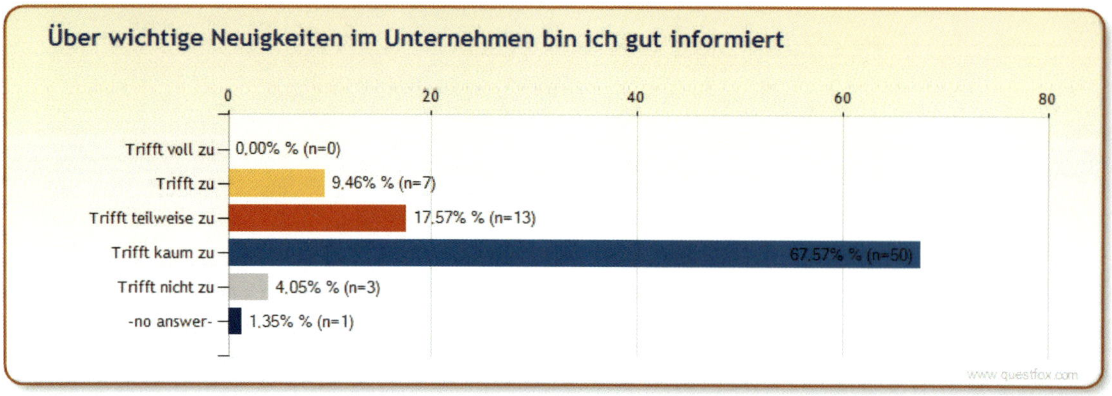
Über wichtige Neuigkeiten im Unternehmen bin ich gut informiert
0
20
40
60
80
Trifft voll zu
0,00% % (n=0)
Trifft zu
9,46% % (n=7)
Trifft teilweise zu
17,57% % (n=13)
Trifft kaum zu
67,57% % (n=50)
Trifft nicht zu
4,05% % (n=3)
-no answer-
1,35% % (n=1)
www.questfox.com

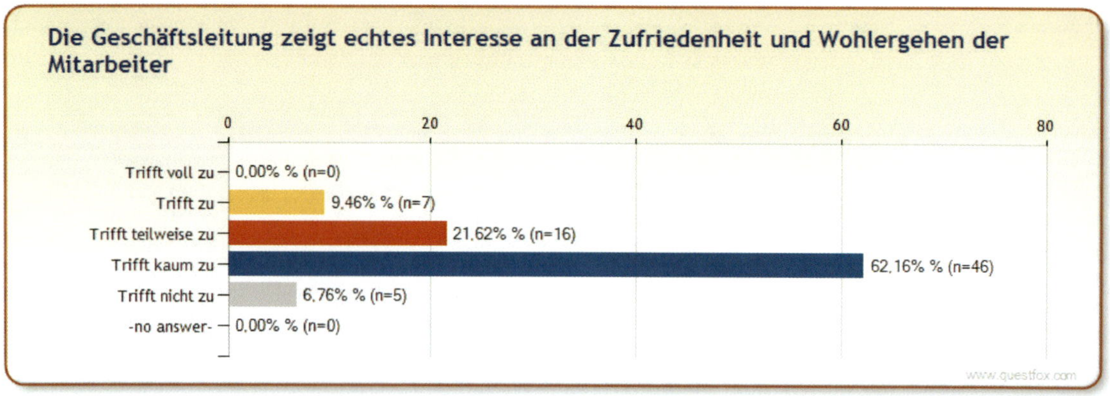
Die Geschäftsleitung zeigt echtes Interesse an der Zufriedenheit und Wohlergehen der Mitarbeiter
0
20
40
60
80
Trifft voll zu
0,00% % (n=0)
Trifft zu
9,46% % (n=7)
Trifft teilweise zu
21,62% % (n=16)
Trifft kaum zu
62,16% % (n=46)
Trifft nicht zu
6,76% % (n=5)
-no answer-
0,00% % (n=0)
www.questfox.com

Das Unternehmen bietet gute Weiterbildungs-und Trainingsmöglichkeiten im Vergleich mit andern Unternehmen

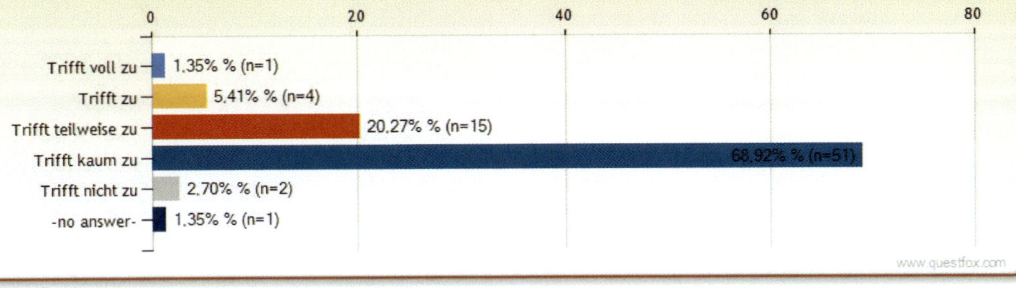

Ich bekomme regelmässig Feedback über meine Arbeitsleistung

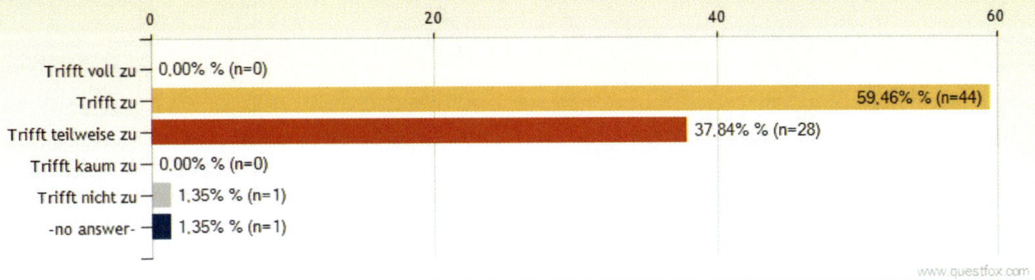

Meine Arbeit entspricht meiner Qualifikation

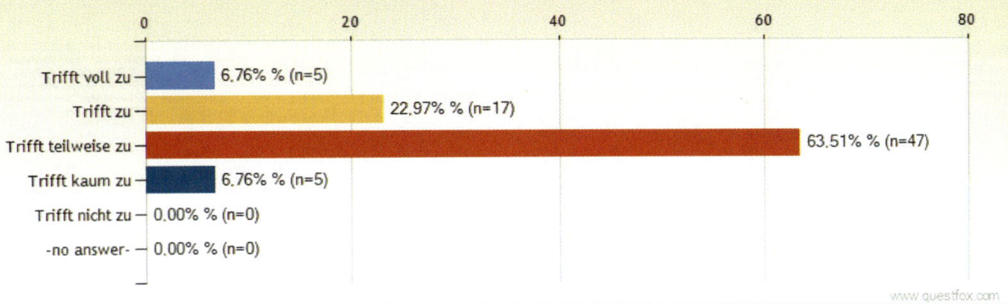

Ich habe ein gutes geschäftliches Verhältnis zum Vorgesetzten

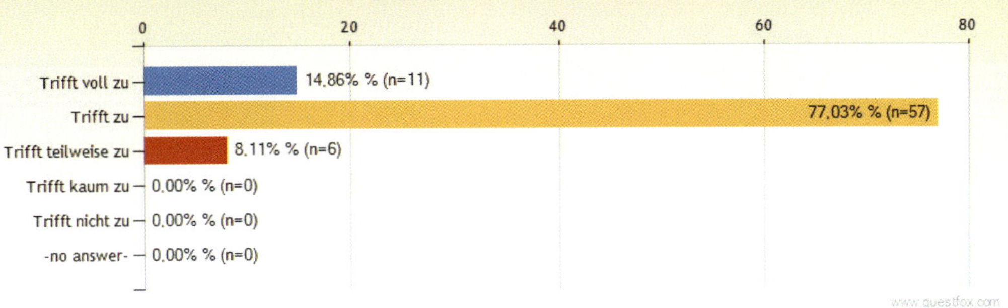

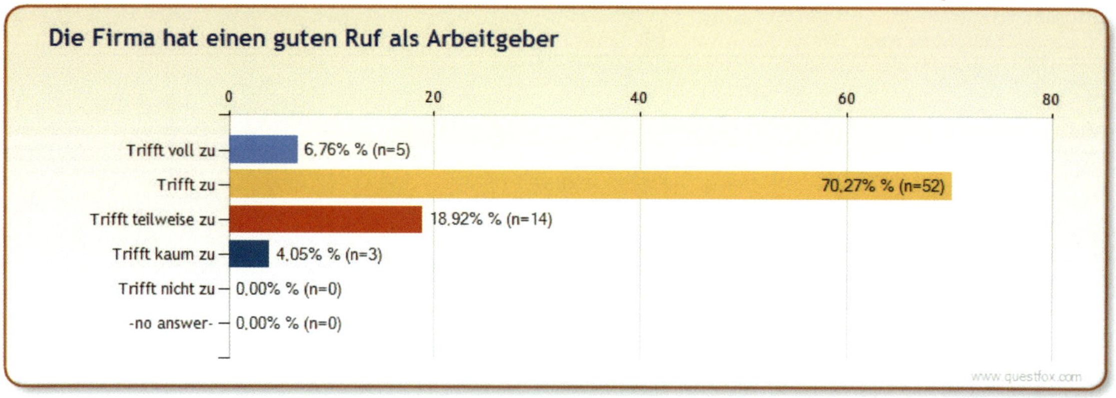
Die Firma hat einen guten Ruf als Arbeitgeber
0
20
40
60
80
Trifft voll zu
6,76% % (n=5)
Trifft zu
70,27% % (n=52)
Trifft teilweise zu
18,92% % (n=14)
Trifft kaum zu
4,05% % (n=3)
Trifft nicht zu
0,00% % (n=0)
-no answer-
0,00% % (n=0)
www.questfox.com

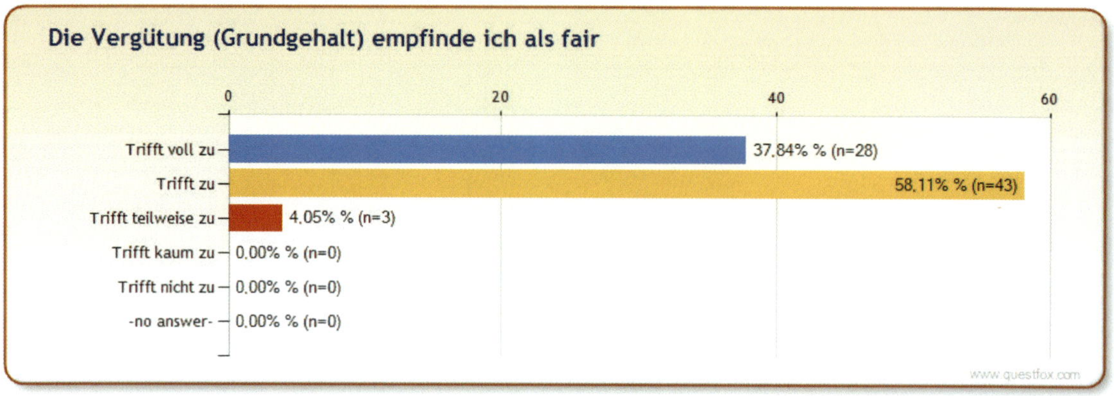
Die Vergütung (Grundgehalt) empfinde ich als fair
0
20
40
60
Trifft voll zu
37,84% % (n=28)
Trifft zu
58,11% % (n=43)
Trifft teilweise zu
4,05% % (n=3)
Trifft kaum zu
0,00% % (n=0)
Trifft nicht zu
0,00% % (n=0)
-no answer-
0,00% % (n=0)
www.questfox.com

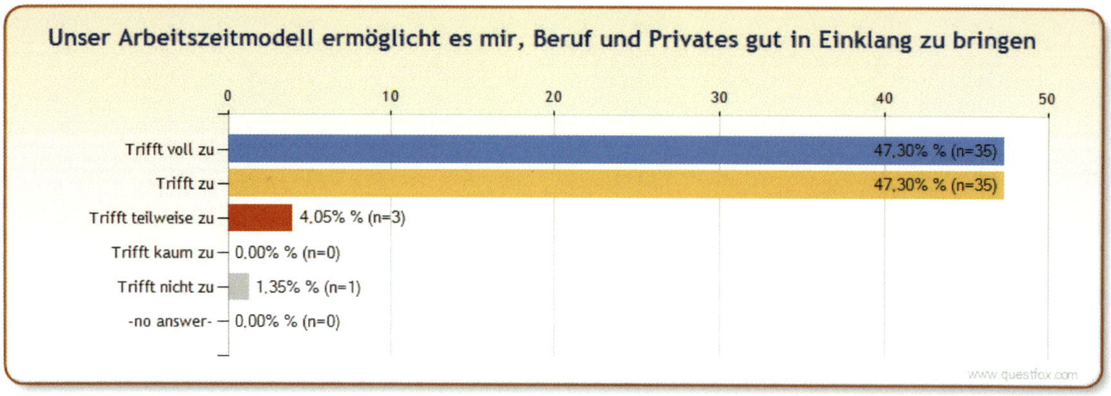
Unser Arbeitszeitmodell ermöglicht es mir, Beruf und Privates gut in Einklang zu bringen
0
10
20
30
40
50
Trifft voll zu
47,30% % (n=35)
Trifft zu
47,30% % (n=35)
Trifft teilweise zu
4,05% % (n=3)
Trifft kaum zu
0,00% % (n=0)
Trifft nicht zu
1,35% % (n=1)
-no answer-
0,00% % (n=0)
www.questfox.com

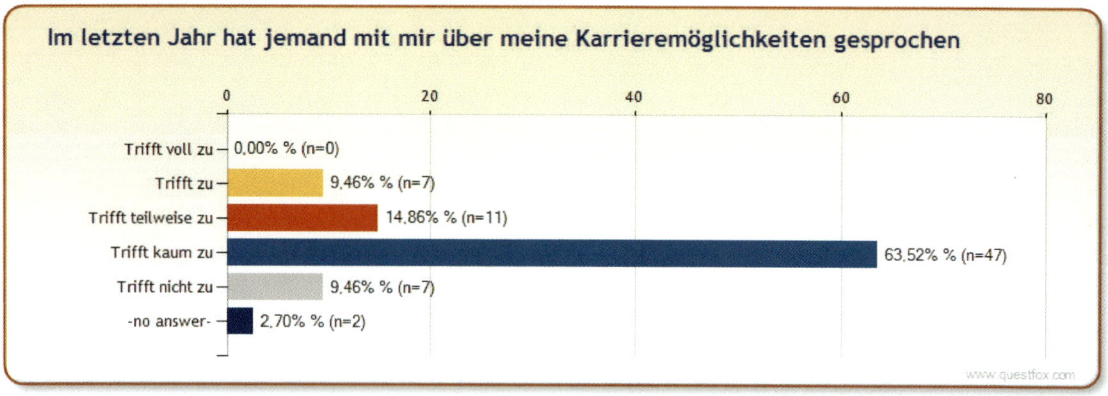
Im letzten Jahr hat jemand mit mir über meine Karrieremöglichkeiten gesprochen
0
20
40
60
80
Trifft voll zu
0,00% % (n=0)
Trifft zu
9,46% % (n=7)
Trifft teilweise zu
14,86% % (n=11)
Trifft kaum zu
63,52% % (n=47)
Trifft nicht zu
9,46% % (n=7)
-no answer-
2,70% % (n=2)
www.questfox.com

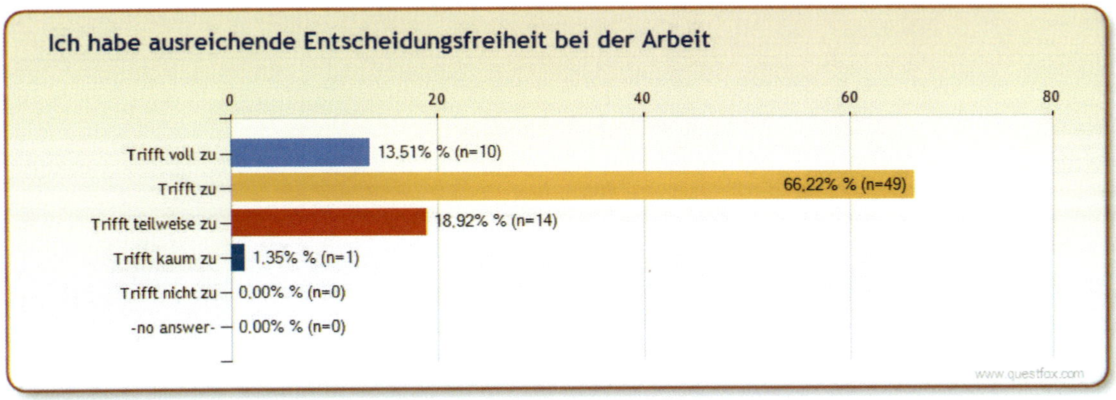
Ich habe ausreichende Entscheidungsfreiheit bei der Arbeit
0
20
40
60
80
Trifft voll zu
13,51% % (n=10)
Trifft zu
66,22% % (n=49)
Trifft teilweise zu
18,92% % (n=14)
Trifft kaum zu
1,35% % (n=1)
Trifft nicht zu
0,00% % (n=0)
-no answer-
0,00% % (n=0)
www.questfox.com

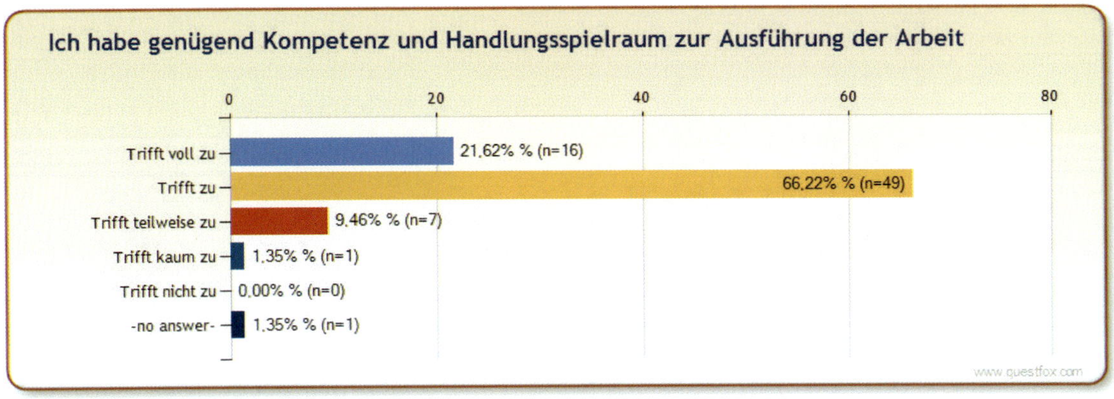
Ich habe genügend Kompetenz und Handlungsspielraum zur Ausführung der Arbeit
0
20
40
60
80
Trifft voll zu
21,62% % (n=16)
Trifft zu
66,22% % (n=49)
Trifft teilweise zu
9,46% % (n=7)
Trifft kaum zu
1,35% % (n=1)
Trifft nicht zu
0,00% % (n=0)
-no answer-
1,35% % (n=1)
www.questfox.com

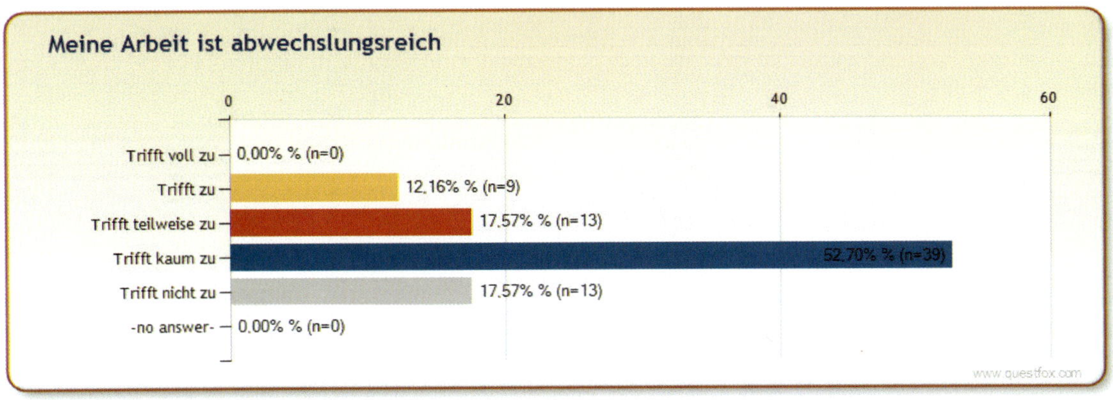
Meine Arbeit ist abwechslungsreich
0
20
40
60
Trifft voll zu
0,00% % (n=0)
Trifft zu
12,16% % (n=9)
Trifft teilweise zu
17,57% % (n=13)
Trifft kaum zu
52,70% % (n=39)
Trifft nicht zu
17,57% % (n=13)
-no answer-
0,00% % (n=0)
www.questfox.com

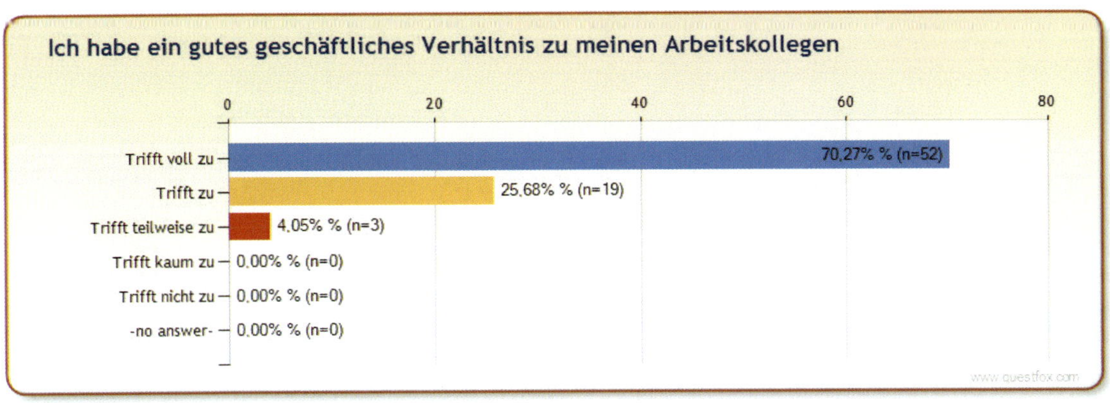
Ich habe ein gutes geschäftliches Verhältnis zu meinen Arbeitskollegen
0
20
40
60
80
Trifft voll zu
70,27% % (n=52)
Trifft zu
25,68% % (n=19)
Trifft teilweise zu
4,05% % (n=3)
Trifft kaum zu
0,00% % (n=0)
Trifft nicht zu
0,00% % (n=0)
-no answer-
0,00% % (n=0)
www.questfox.com

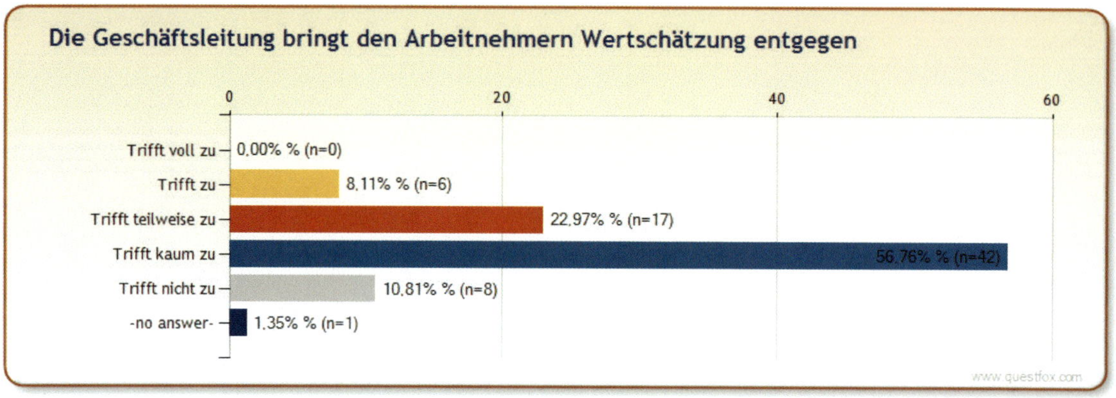
Die Geschäftsleitung bringt den Arbeitnehmern Wertschätzung entgegen
0
20
40
60
Trifft voll zu
0,00% % (n=0)
Trifft zu
8,11% % (n=6)
Trifft teilweise zu
22,97% % (n=17)
Trifft kaum zu
56,76% % (n=42)
Trifft nicht zu
10,81% % (n=8)
-no answer-
1,35% % (n=1)
www.questfox.com

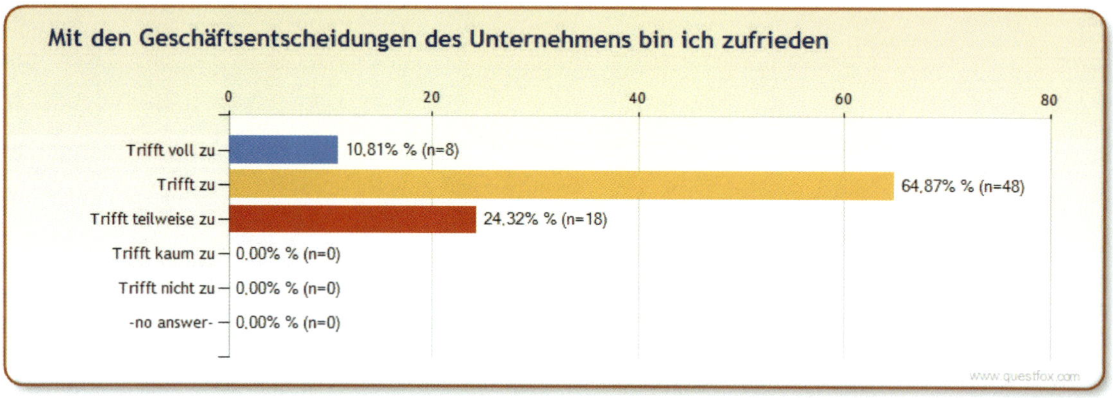
Mit den Geschäftsentscheidungen des Unternehmens bin ich zufrieden
0
20
40
60
80
Trifft voll zu
10,81% % (n=8)
Trifft zu
64,87% % (n=48)
Trifft teilweise zu
24,32% % (n=18)
Trifft kaum zu
0,00% % (n=0)
Trifft nicht zu
0,00% % (n=0)
-no answer-
0,00% % (n=0)
www.questfox.com

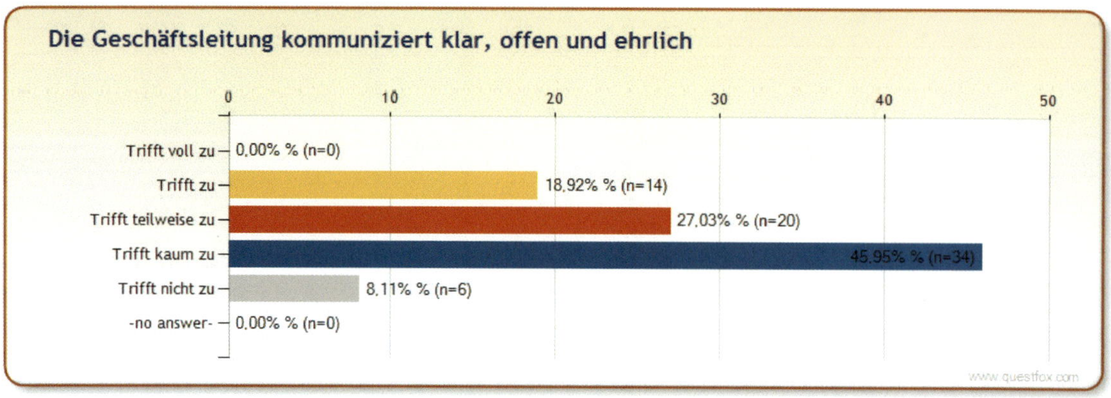
Die Geschäftsleitung kommuniziert klar, offen und ehrlich
0
10
20
30
40
50
Trifft voll zu
0,00% % (n=0)
Trifft zu
18,92% % (n=14)
Trifft teilweise zu
27,03% % (n=20)
Trifft kaum zu
45,95% % (n=34)
Trifft nicht zu
8,11% % (n=6)
-no answer-
0,00% % (n=0)
www.questfox.com

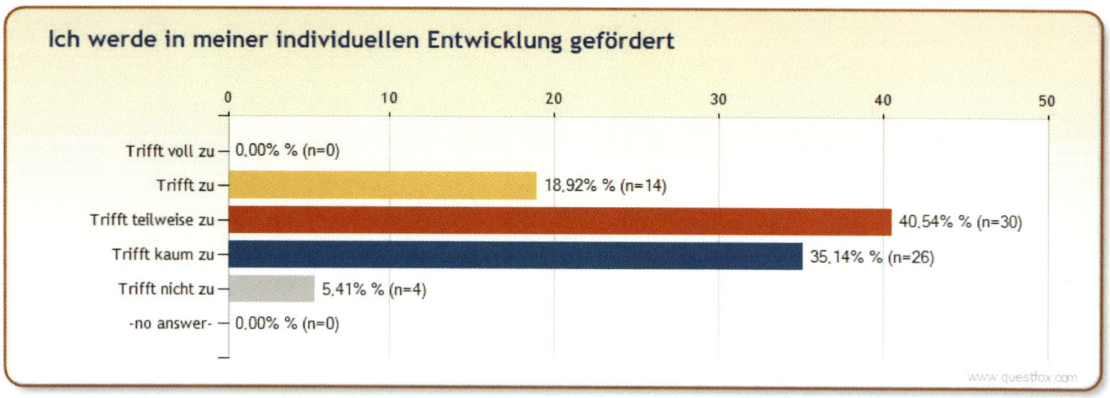
Ich werde in meiner individuellen Entwicklung gefördert
0
10
20
30
40
50
Trifft voll zu
0,00% % (n=0)
Trifft zu
18,92% % (n=14)
Trifft teilweise zu
40,54% % (n=30)
Trifft kaum zu
35,14% % (n=26)
Trifft nicht zu
5,41% % (n=4)
-no answer-
0,00% % (n=0)
www.questfox.com

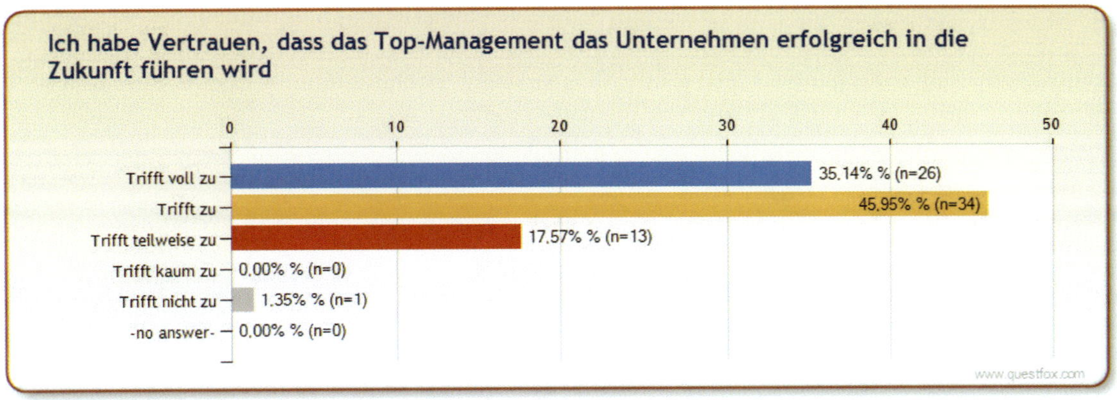
Ich habe Vertrauen, dass das Top-Management das Unternehmen erfolgreich in die Zukunft führen wird
0
10
20
30
40
50
Trifft voll zu
Trifft zu
Trifft teilweise zu
Trifft kaum zu
Trifft nicht zu
-no answer-
35,14% % (n=26)
45,95% % (n=34)
17,57% % (n=13)
0,00% % (n=0)
1,35% % (n=1)
0,00% % (n=0)
www.questfox.com

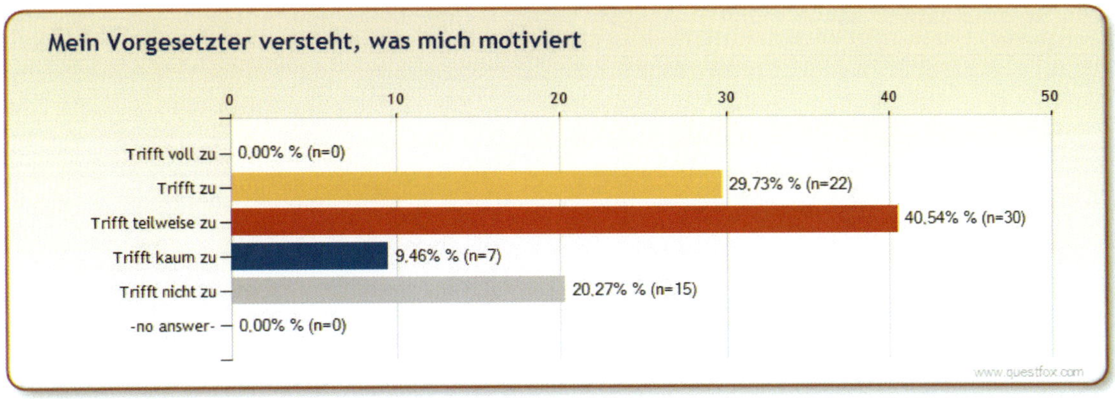
Mein Vorgesetzter versteht, was mich motiviert
0
10
20
30
40
50
Trifft voll zu
Trifft zu
Trifft teilweise zu
Trifft kaum zu
Trifft nicht zu
-no answer-
0,00% % (n=0)
29,73% % (n=22)
40,54% % (n=30)
9,46% % (n=7)
20,27% % (n=15)
0,00% % (n=0)
www.questfox.com

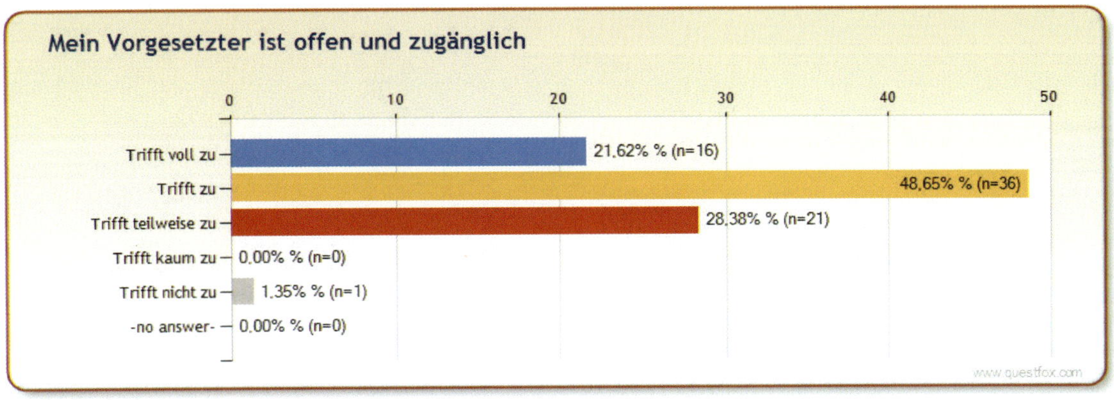
Mein Vorgesetzter ist offen und zugänglich
0
10
20
30
40
50
Trifft voll zu
Trifft zu
Trifft teilweise zu
Trifft kaum zu
Trifft nicht zu
-no answer-
21,62% % (n=16)
48,65% % (n=36)
28,38% % (n=21)
0,00% % (n=0)
1,35% % (n=1)
0,00% % (n=0)
www.questfox.com

Printed in Poland
by Amazon Fulfillment
Poland Sp. z o.o., Wrocław

63631913R00058